昇任試験によく出る！

類似語の違いでわかる 地方自治法

鈴木洋昌 [著]
Suzuki Hiromasa

法令と条例
請願と陳情
一般会計と特別会計
行政財産と普通財産
事務監査請求と住民監査請求

学陽書房

はじめに

　本書は、主任、係長等の昇任試験、行政書士の資格試験を受験する方や地方自治法を初めて学ぶ方を念頭に置いて、類似語を比較しながら、地方自治法に対する理解を深めてもらいつつ、試験における出題者の意図やねらいを明確にすることをめざしたものです。

　通常、地方自治法のテキストは、法の体系に沿って、構成されており、ある意味、法律の1条から順を追って学習することになり、試験で出るようなポイントを理解するにはあまり適していません。私が昇任試験を受けた経験を振り返っても、関連用語を書きだしたりしながら、違いを理解していった記憶があります。

　その経験をふまえて、本書は次のような特色を持たせています。

類似語の違いを明確にして、芋づる式にインプット！

　地方自治法をはじめから追っていく学習法は、「あれ、○○は××とどう違うんだ？」といったことを調べたりして、いたずらに時間をかけてしまいがちです。試験対策としては、類似語を芋づる式に理解する方が手っ取り早いようにも思います。

　そこで、本書では、見開きで、2つの類似語を比較し、その違いを明らかにするように努めました。また、一緒に芋づる式に理解した方がよい類似語は通常2つに限られないことから、関連キーワードとして類似語を一緒に解説しています。さらに、キーワード深読みとして、比較した用語の由来などを解説しています。

択一試験でよく出るパターンを明示！

　択一試験では、2つの類似語の説明を入れかえて選択肢を作成したり、「できる」「しなければならない」といった条文末の文言を言い換えるなどして誤った選択肢にします。

　本書では各項目の冒頭に、出題パターンを明示しました。これを知れば、どこが試験でねらわれるのかを意識しながら、効果的な学習ができると思います。

> 試験に出る類似語・キーワードを厳選・整理！

　本書を利用して学習される際には、はじめに通読し、重要な類似語を捉えた上で、試験問題などで気になったキーワードを調べることがより効果的です。そこで、本書では最低限でありながら、最も出題されると思われる用語を選び、整理しています。あわせて、本書では地方自治法等の条項を示すようにしています。本書を読み進めていく上では、可能な限り手元に六法を置き、当該条文に当たって、その内容を確認していただければと思います。こうした手順を取ることで、より地方自治法への理解が深まると思います。

　昇任試験や資格試験はあくまでも一つの通過点です。最近、自治体では、昇任試験の受験率が下がっていることが問題視されていますが、私の経験では、この試験を乗り越え、昇格すると、それまで見えなかった新しいさまざまなものが見えてくるように感じています。ぜひとも、読者のみなさまにも昇任試験等をパスされて、新たな場所で活躍いただきたいと思っています。

　さいごに、本書の類似語比較というアイデアは、学陽書房の宮川さんの発案であり、どのような形がよいかも含めていろいろアドバイスをいただきました。ここに感謝を申し上げたいと思います。

　平成28年4月

鈴　木　洋　昌

目次

■第1章　地方公共団体の種類等 …… 10
1. 住民自治と団体自治 …… 10
2. 普通地方公共団体と特別地方公共団体 …… 12
3. 都道府県と市町村 …… 14
4. 市と町 …… 16
5. 指定都市と中核市 …… 18
6. 東京都の特別区と指定都市の行政区 …… 20
7. 廃置分合と境界変更 …… 22

■第2章　地方公共団体の組織 …… 24
8. 長と委員会・委員（行政委員会） …… 24
9. 選挙管理委員会と監査委員 …… 26
10. 執行機関と補助機関 …… 28
11. 附属機関と専門委員 …… 30

■第3章　地方公共団体の事務と関与 …… 32
12. 長の職務代理と長の権限の委任 …… 32
13. 自治事務と法定受託事務 …… 34
14. 是正の要求と是正の勧告 …… 36
15. 処理基準と技術的助言・勧告 …… 38
16. 国地方係争処理委員会と自治紛争処理委員 …… 40
17. 法令と条例 …… 42
18. 条例の罰則と規則の罰則 …… 44
19. 過料と科料 …… 46
20. 条例の公布と条例の施行 …… 48

■第4章　住民の権利 ……… 50
- 21　住民と市民 …… 50
- 22　選挙権と被選挙権 …… 52

■第5章　地方公共団体の議会 ……… 54
- 23　議会の議決と議会の承認 …… 54
- 24　議会の調査権と議会の検査権 …… 56
- 25　議会の過半数議決と議会の特別多数議決 …… 58
- 26　議員の定数と議会の定足数 …… 60
- 27　議員の兼職と議員の兼業 …… 62
- 28　定例会と臨時会 …… 64
- 29　長の議案提出権と議員の議案提出権 …… 66
- 30　事故があるときと欠けたとき …… 68
- 31　常任委員会と議会運営委員会 …… 70
- 32　会議公開の原則と秘密会 …… 72
- 33　請願と陳情 …… 74
- 34　議会の自主解散と長による議会の解散 …… 76
- 35　議会の権限と長の権限 …… 78
- 36　議長の辞職と長の退職 …… 80
- 37　法定代理的専決処分と任意代理的専決処分 …… 82
- 38　議会の議決に係る長の一般的拒否権と特別的拒否権 …… 84

■第6章　地方公共団体の財務 ……… 86
- 39　総計予算主義と予算単一主義 …… 86
- 40　予算事前議決の原則と予算公開の原則 …… 88
- 41　一般会計と特別会計 …… 90
- 42　補正予算と暫定予算 …… 92
- 43　継続費と債務負担行為 …… 94
- 44　寄附と補助 …… 96

45　地方債と一時借入金 …… 98
　46　使用料と手数料 …… 100
　47　一般競争入札と指名競争入札 …… 102
　48　公有財産と物品 …… 104
　49　行政財産と普通財産 …… 106
　50　公の施設の指定管理者制度と管理委託制度 …… 108
　51　会計年度と出納閉鎖日 …… 110
　52　支出負担行為と支出命令 …… 112
　53　資金前渡と概算払 …… 114

■第7章　地方公共団体の監査 …… 116

　54　事務監査請求と住民監査請求 …… 116
　55　包括外部監査と個別外部監査 …… 118
　56　住民監査請求と住民訴訟 …… 120
　57　会計職員等の賠償責任と予算執行職員等の賠償責任 …… 122

■第8章　事務の共同処理等 …… 124

　58　一部事務組合と広域連合 …… 124
　59　事務の委託と事務の代替執行 …… 126
　60　条例による事務処理の特例と事務の委託 …… 128

参考文献 …… 130

■法令の略称

地方自治法は法律名を省略してそのまま条文を表記

憲	日本国憲法
自治法	地方自治法
令	地方自治法施行令
公選法	公職選挙法
地公法	地方公務員法
地公企法	地方公営企業法
地教法	地方教育行政の組織及び運営に関する法律
地財法	地方財政法
分権一括法	地方分権の推進を図るための関係法律の整備等に関する法律
第2次一括法	地域の自主性及び自立性を高めるための改革の推進を図るための関係法律の整備に関する法律（平成23年8月30日公布）
合併特例法	市町村の合併の特例に関する法律
議会解散特例法	地方公共団体の議会の解散に関する特例法

※送り仮名など、法律の古い表現は一部直して表記しています。

昇任試験によく出る！
類似語の違いでわかる地方自治法

1 住民自治と団体自治

出題パターン 次の文の正誤を判定せよ

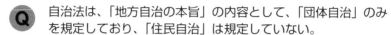
自治法は、「地方自治の本旨」の内容として、「団体自治」のみを規定しており、「住民自治」は規定していない。

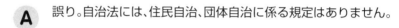
誤り。自治法には、住民自治、団体自治に係る規定はありません。

1 地方自治の意義

地方自治は、住民生活に密接に関わる地域の仕事を国家から切り離して地域の共同体の手に委ねるとともに、地域住民の意思と責任に基づいて自主的に処理させる地方行政のやり方などと定義されます。こうした考え方は、平成12年の分権改革後（詳細は13参照）の自治法にも反映されており、地方公共団体は、住民の福祉の増進を図ることを基本として、地域における行政を自主的かつ総合的に実施する役割を広く担います（1の2①）。

2 憲法等における地方自治の本旨

（1）憲法における地方自治の本旨

憲法は、地方公共団体の組織及び運営に関する事項は、地方自治の本旨に基づいて、法律でこれを定める（憲92）と規定しています。国権の最高機関であって、国の唯一の立法機関（憲41）である国会でも、地方自治の本旨に基づいて法律を定める必要があります。

（2）自治法における地方自治の本旨

この憲法の規定を受け、地方公共団体の組織及び運営に関する事項について定めた法律が自治法等になります。自治法では、「地方自治の本旨」に関して、この法律が「地方自治の本旨」に基づいていること（1）、地方公共団体に関する法令の規定は、「地方自治の本旨」に基づかなければならないこと（2⑪）、その解釈・運用も「地方自治の本旨」に基づくことを定めています（同⑫）。

❸ 住民自治、団体自治とは

　このように憲法及び自治法に規定されている「地方自治の本旨」ですが、その詳細については条文では何ら定められておらず、一般的に、次のとおり、「住民自治」と「団体自治」の2つの要素からなると解釈されているにすぎません。

（1）住民自治

　住民自治は、地域的な行政需要を地域の住民が自己の意思に基づき自己の責任において充足する原則です。憲法は、地方公共団体等の長及び議会の議員の直接公選制を定め、自治法では、住民の直接請求、住民投票、住民訴訟等を定めて、住民自治の原則を具体化しています。

（2）団体自治

　団体自治は、国から独立した地域団体（地方公共団体等）を設け、この団体が自己の事務を自己の機関により、その団体の責任において処理する原則です。憲法と自治法は、都道府県や市町村の設置とともに、こうした団体が条例制定権などの権能を有することを規定しています。

　平成12年の機関委任事務の廃止、第2次分権改革といわれ現在進められている義務付け・枠付けの見直しといった分権改革によって、団体自治の側面は拡充されました。引き続き、総合計画審議会といった附属機関等における公募市民の拡充、パブリックコメント手続きの実施など、住民参加の機会を拡充することで、住民自治の側面を充実させていくことが求められています。

● キーワード深読み　地方公共団体、地方自治体、地方政府

　憲法及び自治法では、都道府県や市町村などを表す用語として、地方公共団体が用いられています。そのほかに、地方自治体、地方政府といった用語がありますが、昇任試験等の受験者を意識した本書では地方公共団体という用語で統一しています。

◆　**地方公共団体**
　法令用語として国の文書などで広く用いられているものです。地方に置かれた公的団体という感じが強く、自律的な団体という語感は弱いです。

◆　**地方自治体**
　法令や国の文書など以外で一般的に使われるものです。自治権を持つ団体という語感がより強いです。

◆　**地方政府**
　限定的に用いられ、国とは別の独立した政府という語感が強いです。

2 普通地方公共団体と特別地方公共団体

> **出題パターン** 次の文の正誤を判定せよ
> **Q** 普通地方公共団体が組合を設けた場合、その組合は普通地方公共団体になる。
> **A** 誤り。普通地方公共団体による組合は特別地方公共団体です。

1 地方公共団体の種類

地方公共団体は、普通地方公共団体及び特別地方公共団体からなり（1の3①）、普通地方公共団体は都道府県及び市町村（同②）、特別地方公共団体は特別区、地方公共団体の組合及び財産区（同③）となっています。

このため、地方公共団体が設ける組合は、その構成する団体によらず、特別地方公共団体になります。また、特別地方公共団体である東京都の特別区が設けている清掃などの一部事務組合も特別地方公共団体となります。

図表　地方公共団体の種類

普通地方公共団体	都道府県	
	市町村	指定都市：人口50万以上の市のうちから政令で指定（252の19ほか）
		中核市：人口20万以上で市の申出に基づき政令で指定（252の22ほか）
		その他の市：人口5万以上ほか（8①）
		町村：町は都道府県条例で定める要件を具える必要あり（8②）
特別地方公共団体	特別区：大都市の一体性・統一性の確保の観点から導入されている制度（281）	
	地方公共団体の組合（一部事務組合、広域連合）、財産区 ：特定の目的のために設置されるもの	

※平成23年5月の自治法改正により、特別地方公共団体として規定されていた全部事務組合、役場事務組合及び地方開発事業団は廃止
※平成26年5月の自治法改正により、平成27年3月末で特例市は廃止

2 普通地方公共団体とは

普通地方公共団体は、都道府県と市町村の二層制をとっています。

（1）都道府県

都道府県は、市町村を包括する広域の団体をいいます（2⑤）。その名称を変更する場合は法律による必要があり（3②）、この法律は地方自治特別法に該当し、住民投票等の手続きが必要です（261、262）。実現しませんでしたが、大阪都構想に基づき大阪府を大阪都に変更する場合も同様です。

（2）市町村

市町村は、基礎的な団体として、都道府県が処理するものを除き、地域における事務を処理します（2③）。このため、市町村は基礎自治体といわれ、特別地方公共団体の特別区も自治法改正により、平成12年4月から基礎自治体に位置づけられました（281の2②）。また、指定都市などには、人口規模に応じた事務配分の特例が設けられています（詳細は5参照）。

❸ 特別地方公共団体とは

特別地方公共団体は、専門的な処理など特定の目的で設立された団体です。

（1）特別区

特別区は、人口が高度に集中する大都市地域での行政の一体性及び統一性の確保の観点から設けられた都の区のことで（281、281の2）、内部組織である指定都市の行政区とは異なります（詳細は6参照）。

（2）地方公共団体の組合

地方公共団体の組合には、事務の一部を共同処理するための一部事務組合（286～291）と、広域処理が適当であるものについて広域計画を作成して、その事務の執行管理などを行う広域連合（291の2～291の13）があります。実際には、一部事務組合はごみ処理などに関するもの、広域連合は後期高齢者医療制度に係るものなどが設置されています（詳細は58参照）。

（3）財産区

財産や公の施設の管理・処分の権能を有する団体です（294～297）。

● 関連キーワード 「特別」という用語

自治法には「特別」という用語が多くあるので、次のものを押さえましょう。
　議会の特別委員会（109①④）⇔常任委員会など（109①②）（詳細は31）
　会計区分の特別会計（209②）⇔一般会計（209①）（詳細は41）
　特別多数議決（4③など）⇔過半数議決（116①）（詳細は25）　など

3 都道府県と市町村

出題パターン 次の文の正誤を判定せよ

Q 地域における事務はできるだけ都道府県が処理することが基本で、それ以外の事務を市町村が処理する。

A 誤り。できるだけ市町村が処理することが基本です。

1 都道府県と市町村の関係

　普通地方公共団体である都道府県と市町村は、上下の関係ではなく、対等並列の関係にあります。ただ、共通の区域を所管していることもあり、都道府県は広域自治体、市町村は基礎自治体として担任すべき事務が規定されています（2③⑤）。あわせて、事務は競合しないようにすること（同⑥）、市区町村は都道府県の条例に違反して事務を処理してはならないこと（同⑯）、都道府県は市町村に対して一定の関与ができることなどが定められています。

2 都道府県とは

（1）地位・権能

　都道府県は、市町村及び特別区を包括する広域自治体で、①市町村の区域を超えた「広域事務」、②国と市町村の間の連絡調整の「連絡調整事務」、③事務の規模・性質から処理する「補完事務」を担います（2⑤）。

　都・道・府・県の人口規模は大きく異なりますが、権限等の相違は都の特別区の設置（281、281の2）、道の支庁出張所の設置（155①）などで、それ以外の違いはほとんどありません。

（2）都道府県の市町村に対する関与など

　都道府県の執行機関は、技術的な助言・勧告などを行えるほか（245の4①）、市町村の事務処理が法令の規定に違反していると認めるときなどは「是正の要求」「是正の勧告」「是正の指示」ができます（245の5〜7）。特に「是正の勧告」は、国にはなく、都道府県のみに認められます（245の6）（詳細は

14、15参照)。

❸ 市町村とは

　市町村は、住民の日常生活に極めて密着した存在で、住民に最も身近なところにあることから、都道府県が広域自治体であるのに対して、「基礎的な地方公共団体（基礎自治体）」とされます（2③）。

　都道府県の事務は類型的に規定されていますが、市町村は、都道府県が処理するものを除き、地域における事務などを処理する（同②③）と一般的・包括的に規定されており、市町村優先の原則が示されています。

❹ 都道府県と市町村の主な相違点

　都道府県と市町村の主な相違点を図表に示しました。都道府県が規模的に大きいことなどから、必置となっている組織が多くなっています。

図表　都道府県と市町村の主な相違点

項　目		都道府県	市町村
関与の相手		大臣	知事
名称（3②③）		法律事項	条例事項
廃置分合（6①、7①）		法律事項	知事が定める
長の被選挙権（19②③）		年齢満30年以上	年齢満25年以上
組織	議会事務局（138①②）	必置	任意（条例で置くことができる）
	長の退職申出（145本文）	30日前まで	20日前まで
	出先機関（155）	支庁（支庁出張所）、地方事務所	支所、出張所
	行政委員会（180の5②③）※それぞれ必置　両者に共通なものを除く	公安委員会・労働委員会・収用委員会・海区漁業調整委員会・内水面漁場管理委員会	農業委員会・固定資産評価審査委員会
	監査委員事務局（200①②）	必置	任意（条例で置くことができる）
	指定金融機関（235）	指定が義務	指定は任意

● 関連キーワード　**委譲と移譲**

　事務移管を表す用語に委譲と移譲があります。以前の国の文書等では上位から下位へ移す意味の「委譲」が用いられ、地方公共団体は水平的に事務を移す意味の「移譲」を用いていました。近年では、国の文書でも移譲という用語も使われています。

4 市と町

> **出題パターン** 次の文の正誤を判定せよ
>
> **Q** 市又は町となるには、自治法の要件を具える必要がある。
>
> **A** 誤り。市は自治法と都道府県条例の要件、町は都道府県条例の要件を満たす必要があります。

1 市町村制度

(1) 基礎自治体としての市町村

わが国では、都道府県という広域自治体と、市町村という基礎自治体の二層制の地方自治制度が採用されており、基礎自治体として、市、町、村という3つを規定しています（1の3②）。町と村の違いは人口要件などが異なる以外、事務配分上の違いはほとんどありませんが、市では福祉事務所が必置である（社会福祉法14）など、担う事務が異なっています。

このように人口規模により、事務配分が変えられており、広域自治体である都道府県が必要に応じて市町村を補完する必要があります。

(2) 市町村相互間の変更の手続き

市町村相互間の変更は、廃置分合等の例によるとされ（8③）、人口などの要件を満たしたうえで、当該市町村が都道府県に対して申請を行い、都道府県議会の議決を経て定め、総務大臣に届け出なければなりません（7①）。また、総務大臣は告示・関係行政機関の長へ通知をしなくてはなりません（同⑦⑧）。さらに、町村が市に、市が町村に移行する場合は事前に総務大臣に協議し、同意を得なければなりません（同②）。なお、都道府県知事への申請には関係のある団体の議会の議決が必要です（同⑥）。

2 市とは

(1) 市の要件

市の要件として、自治法は次の図表のものを定めています（8①）。平成

の市町村合併が推進されるなかで、過去には合併特例法の特例により人口3万以上という要件を満たせば町村も市になれましたが、現在この特例は廃止されています。

図表　市の要件

①人口5万以上を有すること
②中心市街地の区域内の戸数が、全戸数の6割以上であること
③商工業その他の都市的業態に従事する者及びその者と同一世帯に属する者の数が、全人口の6割以上であること
④①から③のほか、都道府県の条例で定める都市的施設その他の都市としての要件を具えていること

図表の④の都道府県条例で定める要件については、各都道府県が「都市としての要件に関する条例」などとして制定しており、税務署や職業安定所などの官公署、学校や図書館などの文化施設の数といった主要な施設の配置等が要件として規定されています。

（2）市の機能

地方分権の流れのなかで、市町村優先の原則に基づき、さらなる権限移譲が進められており、さまざまな権限を市が担うようになってきています。

主なものとしては、第2次一括法により、これまで特例市（現在特例市制度は廃止）までの権限だった環境関連の事務（騒音、振動、悪臭に係る規制地域の指定）や、これまで都道府県が担っていた家庭用品販売業者への立入検査に係る事務が市まで移譲されました。

また、町村との相違として、長の行う議会の招集告示について、市は開会の7日前までであるのに対して、町村は3日前であること（101⑦）、議決を要する契約等の金額が異なること（令別表第3〜第4）などがあります。

3　町とは

（1）町の要件

町となるべき普通地方公共団体は、都道府県の条例で定める町としての要件を具えていなければならず（8②）、都道府県は「町としての要件に関する条例」などを制定し、具体的には人口等を要件として規定しています。

（2）町の機能

町と村の機能の相違はほとんどありません。

5 指定都市と中核市

出題パターン 次の文の正誤を判定せよ

Q 中核市は指定都市の指定があった場合でも、中核市の指定の効力を失わない。

A 誤り。指定都市の指定により、中核市指定の効力を失います。

❶ 大都市制度としての指定都市と中核市

　大都市は、人口が集中し、社会的実体としての都市機能も集積していることから、行政需要や市としての規模能力も一般の市とは異なっています。このため、人口規模などに着目し大都市等に事務配分などの特例を設ける指定都市と中核市の制度が設けられています。これまで特例市制度もありましたが、平成27年4月から、中核市に廃止・統合され、これに伴い中核市の指定要件が「人口20万以上の市」に変更されました。また、中核市は面積要件等が定められていたこともありましたが、現在は人口要件のみとなっています。

❷ 指定都市とは

（1）指定都市の要件、特例など

　指定要件は人口50万以上と規定されています（252の19①）が、実際には人口で形式的に判断するのではなく、人口などの都市の規模に加え、行政能力等において既存の指定都市と同等の都市が指定されてきました。平成の大合併の際に人口要件が100万から70万に緩和され、平成28年1月1日現在、指定都市は20都市となっています。

　指定都市への移行により、自治法・個別法の事務配分の特例とともに、都道府県知事ではなく大臣の関与を要すること（同②）、区の設置（252の20①）などの行政組織上の特例、宝くじの発売などの財政上の特例が認められます。

（2）移行の手続

　指定都市への移行手続は、明確に定められていませんが、実際には道府県

の同意などが必要です。

❸ 中核市とは

（1）中核市の要件、特例など

中核市の要件である人口20万以上は、指定都市と異なり、成立要件となっています（252の22①）。また、中核市に移行すると、事務配分の特例（同①）が適用されますが、行政組織の特例はなく、財政上の特例も交付税の算定上の補正があるのみです。なお、地域保健法5条1項に基づき、保健所を設置する必要があります。

（2）移行の手続き

関係市が議会の議決を経るとともに、都道府県の議会で議決を経た同意を得たうえで、総務大臣に申し出て、これに基づき政令で指定されます（252の24）。

図表　指定都市、中核市の比較

	指定都市（252の19～252の21の5）	中核市（252の22～252の26の2）
要件	人口50万以上（実際には70万以上）	人口20万以上
事務配分の特例（指定都市は中核市に追加されるもの）	福祉に関する事務（児童相談所の設置） 都市計画等に関する事務（区域区分に関する都市計画決定） 教育に関する事務（県費負担教職員の任免、給与の決定） ※平成29年4月から給与負担事務は指定都市に移譲されます。	福祉に関する事務（保育所・特養の設置認可など） 都市計画等に関する事務（開発許可など） 保健衛生に関する事務（保健所設置市が行う事務） 環境保全に関する事務（一般・産業廃棄物処理施設の許可など）
関与の特例	・知事の承認、許可、認可等の関与を要している事務について、その関与をなくし、又は知事の関与に代えて直接各大臣の関与を要する（252の19②）	・福祉に関する事務等に限って指定都市と同様に関与の特例が設けられている（252の22②）
行政組織上の特例	・区の設置（252の20①） ・区選挙管理委員会の設置（同⑤）等	
財政上の特例	・地方道路譲与税の増額 ・地方交付税の算定上所要の措置（基準財政需要額の算定における補正） ・宝くじの発売　等	・地方交付税の算定上所要の措置（基準財政需要額の算定における補正）
決定の手続き	・政令で指定	・申出に基づき、政令で指定（252の24①） ・申出にあたっては市議会の議決及び都道府県の同意が必要（同②） ・都道府県が同意する場合には議会の議決が必要（同③）

6 東京都の特別区と指定都市の行政区

出題パターン 次の文の正誤を判定せよ

Q 千代田区や渋谷区といった東京都の区（特別区）のように、指定都市の区（行政区）にも公選の区長や議会を置く。

A 誤り。指定都市の区は内部組織で、公選の区長や議会は置かれません。

1 特別区と行政区の相違点

特別区、行政区は、両方とも〇〇区という名称を用いていますが、その中身は大きく異なります。特別区は、東京都にのみに置かれる基礎自治体で特別地方公共団体に位置づけられます（1の3③、281、281の2）。

一方、行政区は、指定都市の市長の権限に属する事務を分掌させるため、条例で、その区域を分けて設けるもので（252の20①）、法人格はなく内部組織にすぎません。

2 特別区とは

図表のとおり、特別区には、公選の区長とともに、公選の議員からなる議会が置かれます（283で市の規定を適用）。区長は、昭和27年の自治法改正により、一時期公選が廃止されましたが、昭和49年の改正で復活しました。

また、平成12年4月から基礎自治体として位置づけられるとともに、都が行っていた清掃に関わる事務などが移管されました。

一方、都と特別区の関係は、他の道府県と市町村との関係とは異なり、市町村税として位置づけられる固定資産税、住民税（法人分）などは都が徴収し、特別区財政調整交付金として、財政力等に応じて各特別区に交付されます（282）。また、都と特別区相互の間の連絡調整を行うため都区協議会が設けられています（282の2）。

❸ 行政区とは

　図表のとおり、行政区の区長は職員であり、議会は置かれず、その事務も証明書発行などの住民に身近なサービスの提供が中心で、出先機関としての性格が強くなっています。

　こうした中、地方制度調査会の答申を受け、平成26年の自治法改正により設けられたのが総合区です（252の20の2）。総合区には、議会の同意を得て市長が任命する特別職の総合区長が置かれ、区域のまちづくりに関する事務の執行については、当該指定都市を代表するなど、権限強化が図られています。また、同改正により平成28年4月から規則で定めていた区の事務分掌についても条例で定めるものとされました（252の20②、252の20の2②）。

図表　特別区、行政区、総合区の比較

	特別区	行政区	
			総合区
性格	都に置かれる基礎自治体（特別地方公共団体）（1の3③、281、281の2）	指定都市に置かれる内部組織（252の20①、252の20の2①）	
区長の位置付け	選挙で選ばれる特別職（市町村長と同様）	補助機関である職員を市長が任命（252の20④）	議会の同意を得て市長が選任（252の20の2④）
議会	市町村議会と同様	ない	
事務	都が一体的に処理するものを除く市町村が処理する事務（281の2②）	出先機関であり、証明発行等の業務を実施	主として区に係る事務を分掌（まちづくりに関する事務など追加）（252の20の2⑧）
財源等	固定資産税等は都が徴収し、特別区財政調整交付金を交付（282）	―	―

> ● キーワード深読み　**大都市地域における特別区の設置**
>
> 　二重行政の廃止などを主な目的として、大阪市を5つの特別区に分割し、その特別区は福祉など身近な行政を行い、それ以外の権限を大阪府が担うとする大阪都構想（実際に都という名称は使えません。）を具現化するために制定されたのが「大都市地域における特別区の設置に関する法律」です。200万以上の人口を擁する指定都市などの区域については、一定の手続きを経た場合、指定都市などを廃止し、特別区を設けることができます。大阪の場合平成27年5月に特別区設置協定書（特別区の議員定数、事務分担、財政調整等を定める。）に関わる住民投票が実施され、その結果否決されました。

7 廃置分合と境界変更

> **出題パターン** 次の文の正誤を判定せよ
>
> **Q** 境界の変更とは、地方公共団体の新設・廃止によらない区域の変更であり、廃置分合と同様に法人格の変動が伴う。
>
> **A** 誤り。境界の変更は法人格の変動を伴いません。

1 廃置分合とは

　廃置分合は、地方公共団体の区域変更で、その新設や廃止など、法人格の変動が伴うものをいいます。具体的には、図表のとおり、分割、分立、合体、編入の4種に分けられます。一般的な市町村合併には、合体（新設合併、対等合併）と編入（吸収合併）の2種類があります。

2 境界変更とは

　境界変更は、法人格の変動を伴わない地方公共団体の区域の変更をいいます。

3 廃置分合・境界変更の手続き

（1）都道府県の手続き

　都道府県の廃置分合・境界変更は法律で定める必要があり（6①）、その法律は地方自治特別法となり、住民投票等の手続きが必要になります。

　また、都道府県の境界にわたって市町村の設置・境界の変更があったとき、従来地方公共団体の区域に属しなかった地域を市町村の区域に編入したときは、都道府県の境界も自ら変更することになります（同②）。

　都道府県の自主的な発意による合併の場合には、関係都道府県の申請（議会の議決を経る。）に基づき、内閣が国会の承認を経てこれを定め、総務大臣が直ちにその旨を告示し、効力を生じます（6の2）。

(2) 市町村の手続き

同一都道府県の区域内の市町村の廃置分合・境界変更は、関係市町村の申請（議会の議決を経る。）に基づき、都道府県知事が議決を経て定め、それを総務大臣に届け出なければなりません（7①⑥）。また、市の廃置分合の場合、あらかじめ総務大臣に協議し、同意を得なければなりません（同②）。都道府県の境界にわたる市町村の設置を伴う廃置分合については、関係のある普通地方公共団体の申請（議会の議決を経る。）に基づき、当該市町村がどの都道府県に属するかも含め、総務大臣が定めることになります（同③④⑥）。

また、都道府県知事は市町村の規模適正化のため、廃置分合等の計画を定めて勧告することができます（8の2）。

特別区の場合、申請に基づき、総務大臣に事前に協議し、同意を得たうえで、都議会の議決を経て、都知事が定め、総務大臣に届け出ます（281の3～5）。

図表　廃置分合の類型

類型	内　容
分割	一の地方公共団体を廃し、その区域を分けて数個の地方公共団体を置くこと
分立	一の地方公共団体の一部の区域を分けて、その区域をもって新しい地方公共団体を置くこと
合体	二以上の地方公共団体を廃してその区域をもって一の地方公共団体を置くこと
編入	地方公共団体を廃して、その区域を既存の他の地方公共団体の区域に加えること

● **キーワード深読み　境界に争いのある場合への対応など**

◆　境界に争いのある場合の対応

市町村の境界に争いがある場合、その申請（議会の議決を経る。）を受け、知事は自治紛争処理委員の調停に付することができ（9①④）、調停で確定に至らない場合、全ての市町村の申請を受け、知事は裁定できます（同②）。知事の裁定に不服の場合裁定書の交付から30日以内に出訴できます（同⑧）。境界が判明でなく、争いがない場合は知事が市町村の意見を聴いて決定できます（9の2①）。

◆　廃置分合等の通知

廃置分合・境界変更ともに、告示や関係行政機関の長への通知が必要で、これにより効力を生じます（7⑦⑧）。争いのある場合も同様です（9⑥⑦）。

8 長と委員会・委員（行政委員会）

> **出題パターン**　次の文の正誤を判定せよ
>
> **Q** 委員会・委員（行政委員会）は、長から独立して職権を行使し、長は行政委員会の職務執行に関して指揮監督権はなく、総合調整もできない。
>
> **A** 誤り。長に指揮監督権はありませんが、総合調整権は認められています。

1 地方公共団体の執行機関と執行機関多元主義

普通地方公共団体には、執行機関として長と、委員会・委員（一般的に行政委員会といわれます。）が置かれます（138の4①）。執行機関は自らの判断と責任で誠実に管理し、執行する義務を負い（138の2）、長は、委員会・委員の職務執行に関して指揮監督権を有しませんが、長の所轄のもとに相互に連絡調整を図り、一体として行政機能を発揮しなければなりません（138の3）。

このように、1つの機関への権限集中を避け、複数の執行機関が権限を分掌し、それぞれが独立して事務を処理することにより、民主的な行政が行われることが期待されており、このしくみを執行機関多元主義と呼びます。

2 長（の役割）とは

長は、当該普通地方公共団体を統轄し、代表する（147）とされ、その事務を管理し及び執行します（148）。また、各執行機関を通じて組織及び運営の合理化を図り、その相互の間に権衡を保持するため、必要があると認めるときは、委員会・委員の事務局等の職員の定数・身分取扱について、委員会・委員に勧告することができます（180の4①）。

3 委員会・委員（行政委員会）とは

（1）委員会・委員の概要

図表のとおり、教育委員会などのように全ての団体に必置なもの、都道府

県、市町村のそれぞれに必置なものがあります（180の5①～③）。

こうした機関の多くは、権力の集中の排除や行政運営の公正・妥当性の確保、行政の民主化等のために、合議制の委員会となっています。こうした例外として、独任制の機関である監査委員があります。

(2) 委員会・委員の組織

委員会の委員及び委員は、特別職の地方公務員で、監査委員、人事委員会の委員などを除き（196④⑤、地公法9の2⑪）、基本的に非常勤です（180の5⑤）。また、委員は、長が議会の同意を得て、選任するものが多いですが、選挙管理委員のように議会の選挙によるもの（182①）もあります。

図表　委員会・委員の一覧

普通地方公共団体（180の5①）	教育委員会、選挙管理委員会、人事委員会又は公平委員会、監査委員
都道府県（同②）	公安委員会、労働委員会、収用委員会、海区漁業調整委員会、内水面漁場管理委員会
市町村（同③）	農業委員会、固定資産評価審査委員会

また、長は協議のうえ、その権限に属する事務の一部を、委員会、委員長（教育委員会は教育長）、委員、補助職員等に、委任し、又は補助職員等に補助執行させることができる（180の2）ほか、公安委員会を除き、委員会・委員、その事務局等を共同設置できます（252の7①、令174の19）。

独立性が高いことから委員会の委員又は委員には一定の身分保障がなされていますが、長や議員等と同様に兼職・兼業禁止規定があり、法律の規定を除き、兼業禁止に該当するようになったときには失職します（180の5⑥⑦）（詳細は27参照）。また、選挙管理委員、監査委員、公安委員会委員、教育委員会委員（教育長含む。）は解職請求の対象となっています（13②③）。

(3) 委員会・委員の機能

委員会・委員には、①予算の調製・執行、②議会への議案の提出、③地方税の賦課徴収、分担金等の徴収など、④決算について議会の認定に付する権限がなく（180の6）、これらは長が行うことになります。ただし、長の委任を受けて、財産の取得等を行うことができます（180の2）。

また、行政的権限や規則制定（138の4②）等の準立法的権限を持つとともに、人事委員会は不利益処分の審査などの準司法的権限を有しています。

9 選挙管理委員会と監査委員

> **出題パターン** 次の文の正誤を判定せよ
>
> **Q** 選挙管理委員会、監査委員はともに独任制の機関であり、委員個人で判断して決定できる。
>
> **A** 誤り。監査委員は独任制の機関ですが、行政委員会は通常合議制です。

1 選挙管理委員会とは

(1) 位置づけ、役割

選挙管理委員会は普通地方公共団体に必置の機関（181①）で、4人の委員で組織され（同②）、選挙権を有する者で、人格が高潔で、政治及び選挙に関し公正な識見を有する者から、議会の選挙により選ばれます（182①）。同時に、委員と同数の補充員も選ばれ（同②）、委員が欠けたときには補充員の中から委員長が補欠します（同③）。選挙管理員会委員又は補充員は、それぞれその中の2人が同一の政治団体に属する者となってはなりません（同⑤）。

兼職・兼業の禁止規定も適用されます（180の5⑥⑦、182⑦、193による141①、166①の準用）。

(2) 委員会の機能

公職選挙法等の定めにより、選挙に関する事務などを行います（186）。

2 監査委員とは

(1) 位置づけ、役割

監査委員は、普通地方公共団体に必置の機関（195①）で、独任制の機関となっています。このため、個々の委員が執行機関としての役割を担っていますが、監査の結果に関する報告や意見の決定は合議によります（199⑪）。

(2) 定数等

監査委員の定数は、①都道府県及び政令で定める市（人口25万以上の市。これらが加入する組合を含む。）は4人、②その他の市・町村は2人となっ

ており、条例で定数を増加できますが（195②、令140の２）、減少できません。

その選任は、地方公共団体の長が、議会の同意を得て、人格が高潔で地方公共団体の財務管理、事業の経営管理その他行政運営に優れた識見を有する者及び議員から選任します（196①前段）。議員の監査委員は①の場合１人か２人、②の場合１人となります（同①後段）。また識見を有する監査委員のうち、当該団体の常勤職員であった者等は１人を超えてはなりません（同②、令140の３）。

監査委員には兼職・兼業の禁止規定も適用されます（180の５⑥⑦、196③、201による141①、166①の準用）。

（３）監査委員の組織

監査委員は、定数が３人以上の場合、識見を有する者のうちから選任される監査委員の１人を、２人の場合には識見を有する者から選任される監査委員を代表監査委員としなければなりません（199の３①）。また、識見を有する者のうちから選任される監査委員は常勤とすることができ、また、都道府県・人口25万以上の市は１人以上を常勤としなくてはなりません（196④⑤）。

都道府県の監査委員には、事務局を置かなければならず、市町村の監査委員には条例の定めるところにより事務局を置くことができます（200①②）。

図表　選挙管理委員会と監査委員の比較

	選挙管理委員会	監査委員
担任事務	選挙に関する事務等（186）	財務に関する事務の執行・経営に係る事業の管理の監査、事務（一部を除く）の執行の監査（199①②）
選任要件	選挙権を有する者で、人格が高潔で、政治及び選挙に関し公正な識見を有するもの（182①）	人格が高潔で、財務管理、事業の経営管理その他行政運営に関し優れた識見を有する者及び議員（196①前段）
数〈うち議員数〉	４人（181②）	都道府県・人口25万以上の市：４人〈１又は２〉その他の市・町村：２人〈１〉（195②、196①後段、令140の2）※条例で増加可（195②ただし書き）
選任	議会で選挙（182①）	議会の同意を得て長が選任（196①）
失職等	選挙権を有しなくなったときなどは失職、委員会が決定（184①）心身の故障のため職に堪えないときなどは、議会の委員会で公聴会を開催のうえ、議決により罷免（184の2①）	長などと親子関係等にある者はなることができない（198の2）長は、心身の故障のため職に堪えないときなどは、議会の委員会で公聴会を開催のうえ、議会の同意を得て長が罷免（197の2）
事務局	書記長、書記など（町村は書記長含まない）（191）	都道府県は必置、市町村は条例で設置可能（200①②）
その他	指定都市では、行政区にも選挙管理委員会を設置（252の20⑤）	

10 執行機関と補助機関

出題パターン 次の文の正誤を判定せよ

Q 副知事・副市町村長は長の補助機関であるが、会計管理者は執行機関として長から独立してその権限を行使する。

A 誤り。副知事、副市町村長とともに、会計管理者は長の補助機関の１つです。

1 執行機関とは

　執行機関は、独自の執行権を有し、担任する事務については地方公共団体として自ら意思決定を行い、外部に表示できる機関をいいます。
　わが国の地方自治制度では執行機関多元主義が採用されており、その組織は、長の所轄のもと、明確な範囲の所掌事務と権限を有する執行機関によって、系統的に構成しなければならず、また、長の所轄のもとに執行機関相互の連絡を図り、全て一体として行政機能を発揮するようにしなければなりません（138の3）。
　執行機関には、長と委員会・委員があります（138の4①）。

2 補助機関とは

　長の補助機関は、長がその権限に属する事務を管理執行するにあたって、これを補助するもので、法的には長の内部的な機関として位置づけられます。

（1）副知事・副市町村長

　都道府県に副知事を、市町村に副市町村長を置きますが、条例で置かないことができ（161①）、その定数は条例で定める必要があります（同②）。また、選任には議会の同意が必要ですが（162）、任期は4年で、長は任期中でも解職できる（163）ほか、任期中でも長に申し出るなどして退職することができます（165）。
　副知事等は、長を補佐し、政策及び企画をつかさどるほか、補助機関である職員の担任する事務を監督し、長の代理、委任を受けた事務の執行等を担

います（167）。

　なお、副知事等は最高補助機関であることから、欠格事由（164）、兼職禁止（166①、同②による141の準用）、兼業禁止（166②による142の準用）の規定が定められています。

（2）会計管理者

　会計管理者は1人置かれ、長の補助機関である職員のうちから長が任命し（168）、現金の出納・保管、小切手の振出し、有価証券の出納・保管、物品の出納・保管などの会計事務をつかさどり（170①②）、地方公共団体を代表しますが、執行機関ではなくあくまでも補助機関として位置づけられます。なお、長、副知事等と親子関係などにある者は職に就けません（169）。

　また、長の補助機関である職員のうちから、長が任命する出納員その他の会計職員を置きますが、町村では置かないこともできます（171①②）。

（3）職員

　地方公共団体の長の一般的な補助機関として職員が置かれ（172①）、長が任免します（同②）。また、職員の定数は条例事項となっています（同③）。

（4）公営企業管理者

　公営企業管理者も補助機関の1つです。ただし、公営企業の能率的合理的な経営の確保等の観点から独立した運営が認められています（地公企法7、8）。

● 関連キーワード　**補助組織**

　長の事務を分掌する組織として補助組織があり、これは内部組織と、地域ごとに設けられる出先機関に大別できます。

◆ 内部組織

　長は、事務を分掌させるため内部組織を設けることができますが、長の直近下位の内部組織の設置及び分掌する事務は条例で定める必要があります（158①）。一般的には、事務分掌条例などとして制定されています。

◆ 出先機関

　出先機関は、行政機関がその所掌事務を地域的に分掌させるために現地に設置する機関をいい、総合出先機関と、個別出先機関とに分けられます。総合出先機関として、都道府県は支庁（道は支庁出張所含む。）・地方事務所、市町村は支所・出張所を設けることができ、その場合は、位置、名称、所管区域は条例で定める必要があります（155①②）。

　個別出先機関としては、保健所、警察署その他の行政機関があり、総合出先機関と同様に、位置等を条例で定める必要があります（156①②）。

11 附属機関と専門委員

出題パターン 次の文の正誤を判定せよ

Q 附属機関、専門委員ともに規則に基づき設置される。

A 誤り。専門委員は規則で設置されますが、附属機関には法律又は条例の根拠が必要となります。

1 附属機関とは

(1) 位置づけ、役割

　附属機関は、法律又は条例の定めるところにより、執行機関に置かれるもので、自治紛争処理委員、審査会、審議会、調査会その他の調停、審査、諮問又は調査のための機関をいいます（138の4③）。執行機関は行政の執行権を有していますが、附属機関は、執行機関の要請に基づき、行政執行に必要な調停などを行うもので、独自の執行権を有しません。また、附属機関も複数の団体で共同設置できます（252の7①）。

　長などの執行機関は、附属機関の答申等を尊重する必要はありますが、必ずしも拘束されるものではありません。

　なお、政令で定める執行機関には附属機関を置くことはできませんが（138の4③ただし書き）、現在は対象となる執行機関はありません。

　また、議事機関である議会への附属機関の設置は法の予定するところではないですが、議会基本条例などで附属機関を設置できるという規定を持つものもあります。さらに、議会については、議案の審査等に必要な専門的事項に係る調査を学識経験者等にさせることができます（100の2）。

(2) 組織

　附属機関の委員は非常勤特別職の地方公務員で（202の3②、地公法3③Ⅱ）、庶務は附属機関の属する執行機関が担います（202の3③）。

(3) 課題等

　こうした附属機関は、複数の委員からなる合議制の機関であり、専門技術

性、政治的中立性、民意の反映、利害調整等の長所がある一方、責任の所在があいまいといった短所が指摘されています。

2 専門委員とは

（1）位置づけ

専門委員は、普通地方公共団体が必要な調査を行わせるために、常設又は臨時に置かれる非常勤特別職の地方公務員です（174①、地公法3③Ⅱ）。専門委員は、合議の機関でなく、個々の委員が長の委託を受け、調査を行います（174③）。法律又は条例で定められる附属機関と異なり、専門委員は規則で設置されます。また、専門委員も共同設置できます（252の7①）。

（2）組織

専門委員は専門の学識経験を有する者のなかから長が選任します（174②）。

● 関連キーワード **私的諮問機関**

◆ 概要

私的諮問機関は、附属機関と異なり、法律又は条例に根拠を有せず、要綱等で設置される会議体のことをいいます。この私的諮問機関という名称は、国の場合にしばしば用いられるもので、法令に基づく審議会等に対して、局長等が設置するものを指します。名称は懇談会、検討会などとなっており、その実態は意見を聴くための会議といったものです。

◆ 課題等

地方公共団体では私的諮問機関という用語はあまり使われず、自治法に基づく附属機関に対して、要綱に基づく懇談会などといわれます。この相違については課題が多いところで、要綱で設置した懇談会の委員への謝礼について、住民監査請求を経て、住民訴訟が提起され、こうした要綱に基づく懇談会を実質的には附属機関であるとする判決がみられます。

国では、国家行政組織法のなかで、法律によらず、政令で合議制の機関を設置し得ることを定めていますが、自治法では、当該地方公共団体の職員でない、外部委員が入ったもので、調停、審査、諮問又は調査のための機関は全て附属機関に該当し、法律又は条例によるという厳格な解釈（附属機関条例主義ともいわれます。）も存在しています。

このため、どのようなものを条例に基づく附属機関として運用していくか、判例等を踏まえながら、整理しておく必要があるでしょう。

12 長の職務代理と長の権限の委任

> **出題パターン** 次の文の正誤を判定せよ
>
> **Q** 長の権限を委任する場合は個々に明示する必要があるが、長が欠けたときの職務代理では、個々に明示することなく権限の全てを行使できる。
>
> **A** 誤り。長が欠けたときの職務代理でも、長に専属するものは行使できません。

1 長の職務代理とは

　長の職務代理は、長以外の者が職務代理者であることを明示して自己の名をもって、職務権限を代理行使し、その行為の効果は長が行ったのと同じ効力を生じることをいいます。

　この職務代理には法定代理と、任意（授権）代理があります。

（1）法定代理

　長に事故があるとき、欠けたときは、法定代理として副知事又は副市町村長が職務を代理することになっていますが（152①）、副知事等が置かれていないときなども含め、その順序は図表1のとおりです（同①〜③）。

図表1　法定代理の順序

①副知事・副市町村長	2人以上の場合、①長が定めた順序、②席次の上下、③年齢、④くじ
②長が指定する職員	
③規則で定めた上席の職員	

　法定代理の対象は、原則として長の職務権限全般に及びますが、長の身分なり資格をそのまま代理するものでないことから、議会の解散、副知事・副市町村長の選任などには及びません。

（2）任意（授権）代理

　任意（授権）代理は、長の授権により代理関係が生じるもので、権限に属

する事務の一部を補助機関である職員に臨時に代理させることができます（153①）。代理者の行為の効果が長の行為として帰属することなどは法定代理と同様です。

❷ 長の権限の委任とは

　長の権限の委任は、代理と異なり、長が自己の権限の一部を受任者に移し、それを受任者の権限として行わせることをいいます。委任後は、長は権限を失い、受任者が自己の名と責任においてその権限を行使します。

　権限の委任は、法定の権限に変更を加えるものであるため、法令の根拠が必要です。なお、この委任先は、副知事・副市町村長（167②）、補助機関である職員（153①）、管理に属する行政庁（同②）、委員会等、その職員（180の2）などとなっています。また、委員会・委員は、長と協議のうえ長の補助機関である職員等に委任できます（180の7）。

> ● 関連キーワード　**補助執行**
>
> 　補助執行は、代理や委任と異なり、内部的に、長の権限を補助し、執行させることをいい、対外的には長の名で執行されます。長は委員会等の執行機関の事務を補助する職員等にも補助執行させることができ（180の2）、委員会・委員も長の補助機関である職員等に補助執行させることができます（180の7）。
>
> 　また、平成12年以前は、都道府県知事が市町村の職員に補助執行させることができましたが、分権一括法により、当該規定は削除されています。

図表2　長の職務の代理と権限の委任

種　別	長と代理者の関係	効果等	根　拠
法定代理	長 → 副知事・副市町村長、補助機関である職員	職務代理者の名前で、長に帰属	152
任意（授権）代理	長 → 補助機関である職員	職務代理者の名前で、長に帰属	153①
権限の委任	長 → 副知事・副市町村長、補助機関である職員、管理に属する行政庁、他の執行機関等	受任者の名で、受任者の責任	153①②、167②、180の2
補助執行	長 → 補助機関である職員、他の執行機関の職員等	長の名	180の2

第3章　地方公共団体の事務と関与

13 自治事務と法定受託事務

> **出題パターン** 次の文の正誤を判定せよ
>
> **Q** 法定受託事務は法律に基づき、国の事務を地方公共団体が行っているもので、自治事務のみが地方公共団体の事務である。
>
> **A** 誤り。両者が地方公共団体の事務で、自治事務のなかにも法定の事務があります。

1 地方分権改革と機関委任事務の廃止

平成12年の分権改革以前は、地方公共団体を国の1つの機関として位置づけ、事務を行わせる機関委任事務制度があり、条例制定権や議会の権限も及ばない状況でした。また、こうした機関委任事務は、地方公共団体を「国の下請け機関」とみなすものといえ、課題も多い状況でした。

図表1 機関委任事務から自治事務へ

```
公共事務
団体委任事務 ──────────────→ 自治事務    地方公共団体の処理する事
行政事務                                   務のうち、法定受託事務を
                                          除いたもの（2⑧）
           ┌→ 存続する事務 ─→
機関委任事務┼→ 国の直接執行事務         法定受託事務  国が本来果たすべき役割に
           └→ 事務自体の廃止                        係るものであって、国に
                                                    おいてその適正な処理を特に
                                                    確保する必要があるものと
                                                    して法律又はこれに基づく
                                                    政令に特に定めるものなど
                                                    （2⑨）
```

こうした中、平成12年の分権一括法施行により、機関委任事務は廃止されました。この結果、図表1のとおり機関委任事務は国が直接執行するもの、事務自体を廃止するものを除き、自治事務と法定受託事務に区分されました。

2 自治事務、法定受託事務とは

自治事務、法定受託事務ともに地方公共団体の事務として位置づけられま

すが、図表2のとおり、地方議会や監査委員の権限等の及ぶ範囲、関与などが異なります。

(1) 自治事務

自治事務は、法定受託事務以外の事務をいい（2⑧）、自治事務にも法で義務付けられている法定自治事務と、地方公共団体の裁量で行う任意的自治事務があります。

(2) 法定受託事務

法定受託事務は、法律又はこれに基づく政令により都道府県、市区町村が処理する事務のうち、国が本来果たすべき役割に係るものであって、国において適正な処理を特に確保する必要があるもの又は市区町村が処理するもので都道府県で適正な処理を確保する必要があるものとして法律又は政令に特に定めるものをいいます（国が本来果たすべきものが第一号法定受託事務、都道府県が果たすべきものは第二号法定受託事務です。）（2⑨）。

図表2　法定受託事務と自治事務の比較

	自治事務	法定受託事務
条例制定（14①）	法令に反しない限り可	法令に反しない限り可
地方議会の議決事件の追加（96②）		国の安全に関することなどは除く
地方議会の検査・監査（98など）監査委員の権限（199②）	原則及ぶ（労働委員会及び収用委員会の権限に属するものは対象外）	原則及ぶ（国の安全を害するおそれがあるものなどは対象外）
行政不服審査	国等への審査請求は不可	国等への審査請求は可（255の2）
代執行	要するのことのないようにしなければならない（245の3②）	可能（245の8）
主な例	法律・政令により事務処理が義務付けられるもの：介護保険サービスなど 法律・政令に基づかずに任意で行うもの：独自の助成金等の交付、公共施設の管理など	国政選挙、旅券の交付、国の指定統計、国道の管理、戸籍事務、生活保護
関与の基本類型	・技術的な助言・勧告（245の4①） ・資料の提出の要求（245の4①） ・是正の要求（245の5） ・是正の勧告（245の6） ・協議	・技術的な助言・勧告（245の4①） ・資料の提出の要求（245の4①） ・是正の要求（245の5） ・是正の指示（245の7） ・代執行（245の8） ・同意、許可・認可・承認、指示、協議

14 是正の要求と是正の勧告

> **出題パターン** 次の文の正誤を判定せよ
>
> **Q** 市町村の全ての自治事務の処理に関して、都道府県知事は自らの判断で是正の要求、是正の勧告を行うことができる。
>
> **A** 誤り。是正の要求は、基本的に大臣からの指示があった場合に限られます。

1 関与の法定主義と基本原則

図表1のとおり、関与の法定主義、3つの基本原則が定められています。

図表1 関与の基本原則

関与の法定主義（245の2）		関与には法律又はこれに基づく政令の根拠が必要
基本原則	最小限度の原則（245の3①）	必要最小限のものとし、地方公共団体の自主性・自立性に配慮
	一般主義の原則（245の3②）	基本類型以外の関与を設けないようにすること
	特定の類型の関与に係る原則（245の3③〜⑥）	協議、同意などそれぞれの原則を明示

2 是正の要求、是正の勧告とは

是正の指示とともに、是正の要求、是正の勧告は、地方公共団体の違法な事務処理等に対する関与の類型です。

(1) 是正の要求

是正の要求は、都道府県の自治事務に係る違法な事務処理の是正等のため、大臣が直接、又は市町村の自治事務・第二号法定受託事務について、大臣の指示を受け、知事等が必要な措置を求めるものです（245の5①〜③）。緊急を要するときなど、必要なときは大臣が直接市町村に要求できますが（同④）、基本的に知事自らの判断ではできません。また、要求を受けた地方公共団体は具体的な措置を講じなければなりませんが（同⑤）、その措置の具体的な内容は当該団体の裁量によります。

なお、特例条例に基づき都道府県から市町村へ移譲された自治事務については大臣の指示がなくても知事自ら是正の要求ができます（252の17の4①）。

（2）是正の勧告

是正の勧告は、市町村の自治事務に係る違法な事務処理の是正等のため、都道府県知事等が自らの判断で行う関与です（245の6）。これを受けたとしても、市町村に尊重義務が生じるにすぎず、紛争処理手続の対象となりません（251の3）。

> ● 関連キーワード **是正の指示**
>
> 　是正の指示は、法定受託事務にのみ認められ、指示を受けた団体を拘束する最も強いものです。
> 　是正の指示は、違反の是正又は改善のために講ずべき措置に関し、必要な指示をするもので、是正の要求と異なり、指示された団体はその内容に従う必要があり、都道府県に対しては大臣が、市町村には原則都道府県が行います（245の7①②）。また、大臣は、市町村の第一号法定受託事務に関して都道府県の執行機関に指示できるほか（同③）、緊急を要するときなど、特に必要なときは自ら指示できます（同④）。

図表2　是正の要求等の概要

	是正の要求 （245の5）	是正の勧告 （245の6）	是正の指示 （245の7）
権限の主体（国）	・各大臣	―― （都道府県－市町村間のみ）	・各大臣
権限の主体（都道府県）	・都道府県知事 ・都道府県教育委員会 ・都道府県選挙管理委員会 ※各大臣からの指示があった場合に限る（事務処理の特例条例の例外あり）	・都道府県知事 ・都道府県教育委員会 ・都道府県選挙管理委員会 ※都道府県自らの判断に限る	・都道府県知事 ・都道府県教育委員会 ・都道府県選挙管理委員会 ※各大臣からの指示があった場合 ※都道府県自らの判断で可
対象事務	・自治事務 ・第二号法定受託事務	・自治事務	・法定受託事務
対応義務等	・違反の是正又は改善のため必要な措置を講ずべき法的義務 ・具体的措置内容は地方公共団体の裁量	・法的義務はなく、勧告を尊重すべき義務を負うにすぎない ・具体的措置内容は地方公共団体の裁量	・違反の是正又は改善のため必要な措置を講ずべき法的義務 ・具体的措置内容についても指示可能で地方公共団体を拘束

15 処理基準と技術的助言・勧告

出題パターン 次の文の正誤を判定せよ

Q 自治事務・法定受託事務ともに、大臣（知事）は知事（市町村長）の事務処理に関して、処理基準を定め、技術的な助言・勧告を行うことができる。

A 誤り。自治事務に関しては処理基準を定めることはできません。

1 処理基準とは

　処理基準は、法定受託事務の処理にあたり、よるべき基準をいい、各大臣は都道府県の法定受託事務について（245の9①）、都道府県の執行機関は市町村の法定受託事務について処理基準を定めることができます（同②）。また、市町村の第一号法定受託事務について、各大臣は特に必要があると認めるときは処理基準を定めることができるほか（同③）、都道府県の執行機関に対し基準に関し必要な指示ができます（同④）。

　各大臣又は都道府県の執行機関が定める処理基準は、一般的に定めるものであるので、個別具体的な事務の処理に関して行われる自治法上の関与の類型には含まれません（245）。このため、係争（紛争）処理の対象とはなりません。

　かつての機関委任事務では、国の包括的・一般的な指揮監督権があり、国は通達の形式で都道府県、市町村に対しさまざまな指示や関与ができました。しかしながら、地方分権一括法による改正後の法定受託事務に係る処理基準はあくまでもよるべき基準なので、関与や必置規制などを定めることはできず、必要最小限のものである必要があります（245の9⑤）。

2 技術的助言・勧告とは

　技術的な助言は、客観的に妥当性のある行為又は措置を実施するように促したり、又はそれを実施するために必要な事項を示したりすることです。勧

告は、助言よりも強い権限で、勧告を受けた場合にはそれを尊重しなければならない義務を負いますが、法律上の従うべき義務はありません。

　各大臣又は都道府県の執行機関は、担任する事務に関して、普通地方公共団体に適切と認める技術的な助言・勧告を行うことができます（245の4①）。また、各大臣は都道府県の執行機関に対して、市町村への技術的な助言・勧告に関し、必要な指示を行うことができるほか（同②）、普通地方公共団体の執行機関は、大臣や都道府県の執行機関に対し、技術的な助言・勧告を求めることができます（同③）。

● 関連キーワード **資料の提出の要求、代執行**

◆　**資料の提出の要求**

　資料の提出の要求は、あくまで尊重義務が発生するにとどまり、それに応じないことをもってただちに違法となるようなものではありません。

　各大臣又は都道府県の執行機関は、技術的な助言又は勧告をするため、若しくは地方公共団体の事務の適正な処理に関する情報を提供するため、必要な資料の提出を求めることができます（245の4①）。また、各大臣は、都道府県の執行機関に、必要な指示ができるほか（同②）、地方公共団体の執行機関も各大臣や都道府県の執行機関に対し、必要な情報の提供を求めることができます（同③）。

◆　**代執行**

　代執行は、都道府県知事（市町村長）による法定受託事務の管理・執行が法令の規定や大臣（都道府県知事）の処分に違反するものがある場合、又は管理若しくは執行を怠るものがある場合で、改善勧告に従わず、裁判所の命令にも従わないときに、大臣（都道府県知事）が、知事（市町村長）に代わって行うものです（245の8）。

　具体的には、代執行以外でその是正を図ることが困難で、放置することにより著しく公益を害することが明らかであるときに、下記の図表の①〜⑤の手順で行われます。

　これを受けた都道府県知事（市町村長）は、1週間以内に、④の判決に対して上告し、最高裁で争うことができます（245の8⑨）。ただし、上告しても、高裁の命令を停止する効果はありません（同⑩）。

図表　代執行のフロー

①改善勧告 （245の8①）	②指示 （245の8②）	③高裁への命令請求 （245の8③）	④高裁からの命令裁判 （245の8⑥）	⑤代執行 （245の8⑧）

16 国地方係争処理委員会と自治紛争処理委員

> **出題パターン** 次の文の正誤を判定せよ
>
> **Q** 国地方係争処理委員会、自治紛争処理委員ともに常設の機関である。
>
> **A** 誤り。国地方係争処理委員会は常設ですが、自治紛争処理委員は事件ごとに任命されます。

1 国地方係争処理委員会とは

（1）国地方係争処理委員会の役割

国地方係争処理委員会は、総務省に置かれ、普通地方公共団体に対する国の関与に関する審査の申出の審査、勧告等を行います（250の7等）。

（2）国地方係争処理委員会の組織等

国地方係争処理委員会は、非常勤の5人で組織し、2人以内は常勤にできます（250の8）。その選任は、優れた識見を有する者のうちから、両議院の同意を得て、総務大臣が任命し（250の9①）、任期は3年（同⑤）です。

また、委員長は委員の互選により選任（250の10①）されます。委員の罷免事由が定められており、これらを除き罷免されることはありません（250の9⑧～⑫）。

（3）国地方係争処理委員会の審査の手続き

国の関与に対して、普通地方公共団体の執行機関は関与から30日以内に委員会に審査の申出を行い（当該行政庁への通知も必要です。）（250の13①～④⑦）、委員会は90日以内に勧告等の措置を行います（250の14⑤）。不服等がある場合、地方公共団体は高裁に訴えを提起できます（251の5）。

法定受託事務の場合、違法性のみの審査が可能ですが（250の14②）、自治事務の場合、違法性に加え、自主性・自立性の観点から不当でないかどうかも審査できます（同①）。

2 自治紛争処理委員とは

(1) 自治紛争処理委員の役割
　自治紛争処理委員は、市町村に対する都道府県の関与の審査、普通地方公共団体相互又は機関相互の紛争の調停等を行います（251①）。

(2) 自治紛争処理委員の任命等
　自治紛争処理委員は、事件ごとに総務大臣又は都道府県知事が、優れた識見を有する者から非常勤として3人を任命します（251②）。委員は当該事件が終了したときは失職するほか（同④）、罷免は国地方係争処理委員会と同様な事由に加え、当該事件に利害を有するときなども該当します（同⑤、同⑥による250の9⑧⑨の準用）。

(3) 自治紛争処理委員の審査の手続き
　当該行為から30日以内に、都道府県の関与に不服がある場合は総務大臣に、普通地方公共団体相互の紛争の調停等の場合には都道府県が当事者のものは総務大臣に、そうでないものは都道府県に審査の申出を行います。審査の申出を踏まえ、又は職権で委員を任命し、委員は90日以内に勧告等の措置を行います（251の3⑤による250の13④、250の14⑤の準用）。不服等がある場合、地方公共団体は高裁に訴訟を提起できます（251の6）。

図表　国地方係争処理委員会と自治紛争処理委員の比較

	国地方係争処理委員会(250の7～250の20)	自治紛争処理委員(251～251の4)
役割	普通地方公共団体に対する国の関与について審査等を実施	市町村に対する都道府県の関与等について審査等を実施
対象	①地方公共団体に対する国の関与 ②国の関与に係る不作為 ③国と地方公共団体の法令に基づく協議	①市町村に対する都道府県の関与 ②地方公共団体・その機関相互の紛争の調停 ③審査請求　など
申出等	地方公共団体の執行機関が国地方係争処理委員会に当該行為のあった日から30日以内に文書で申し出て、国の行政庁にもあらかじめ通知	審査申出：市町村の執行機関が総務大臣に文書で行う 調停等：当事者の申請又は職権で委員を任命し実施
勧告等	90日以内に勧告等の措置。関与が違法又は不当である場合、勧告・通知。職権による調停案の提示・受諾の勧告も可能	
委員	常設（5名）、任期3年	事件ごとに任命（3名）、独任制。調停案等は合議
任命	両議院の同意を得て、総務大臣が任命	総務大臣（都道府県が当事者の場合）又は都道府県知事が任命
対応	勧告があったときは、勧告に即して必要な措置を講ずる義務があり、審査の結果に不服があるとき等は高等裁判所に訴訟を提起することが可能	

17 法令と条例

> **出題パターン** 次の文の正誤を判定せよ
>
> **Q** 条例は、法律に違反できないが、政令なら差し支えない。
>
> **A** 誤り。条例は法令に違反しない限りにおいて制定でき、法律やこれに基づく政令や省令などにも違反することができません。

1 法令とは

　法令は、一般的に国会が制定する法律、内閣が閣議を経て制定する政令、各大臣が制定する省令からなります。ただし、行政代執行法のように、法律の規定によっては、条例が法律に含まれる場合もあります。

2 条例とは

　条例は、議会の議決を経て制定される地方公共団体の自主法です。長などの制定する自主法には規則があります。この条例は、「法令に違反しない限りにおいて」普通地方公共団体の事務に関して制定でき（14①）、規則も同様です（15①）。

図表1　条例の制定可能な領域に係る判断基準

①対象	国の法令が空白状態にある場合
②目的・趣旨	同一事項について目的・趣旨を異にする場合
③効果	同一事項で目的や趣旨が同じでも、法令制定の背景・趣旨等からして、その基準が全国的な最低基準を定めたにすぎず、地方公共団体が地域の必要性に応じて、より厳しい基準の設定を許容する趣旨である場合

3 法令と条例の関係

　条例は法令に違反しない限りにおいて、制定できますが、この考え方としては図表1の徳島市公安条例事件最高裁判決の判断基準が基本で、対象、目

的・趣旨、効果の点から、判断することになります。このように、属地的な効果を有する条例と、全国的な効果を持つ法令は、位置づけが異なります。

　地方公共団体が条例を新規に制定する場合や、条例改正を行う場合は、常に現行法令に対して条例の規定がどのように位置づけられるかを考えながら取組みを進める必要があります。

● キーワード深読み　条例に規定すべき事項等

◆　**必要的条例事項**

　義務を課し、又は権利を制限するには、法令に特別の定めがある場合を除くほか、条例で定める必要があります（14②）。さらに、図表２の必要的事項は条例で定める必要があります。

◆　**任意的条例事項**

　任意的条例事項は、必要的条例事項以外が全て該当します。

　自治基本条例や環境基本条例のような基本条例も宣言的な規定や確認規定が多く、条例という法形式でなくとも可能ですが、議会の議決を得る地方公共団体の最高規範という点で、条例が採用される場合が多いようです。

図表２　必要的条例事項と任意的条例事項

必要的条例事項
・事務所の位置（4①）
・休日（4の2①）
・義務を課し、権利を制限する場合（14②）
・議員の定数（90①、91①）
・議会が議決すべき事件（96②）
・定例会の招集回数（102②）
・常任委員会等の設置（109①）
・議会の委員会に関する事項（109⑨）
・市町村の議会事務局（138②）
・支庁、地方事務所、支所等の設置など（155①②）
・行政機関の設置など（156①②）
・長の直近下位の内部組織・分掌（158①）
・職員定数（138⑥、172③、191②など）
・給料等（204③など）
・分担金、使用料、手数料など（228①前段）
・公の施設の設置など（244の2①）　など

任意的条例事項
・計画の策定
・組織の新設変更（長をトップとする幹部職員の会議体など）
・給付行政に係る独自基準
・政策の基本的な方向性　など

18 条例の罰則と規則の罰則

出題パターン 次の文の正誤を判定せよ

Q 条例・規則には、法令の個別的委任がなくても行政刑罰を規定できる。

A 誤り。条例・規則には秩序罰である過料を設けることはできますが、規則には行政刑罰を設けることはできません。

1 条例と規則

　条例は、普通地方公共団体が法令に違反しない限りにおいて、その事務に関し、制定することができます（14①）。

　一方、規則は普通地方公共団体の長が、法令に違反しない限りにおいて、その権限に属する事務に関し、制定することができます（15①）。

　普通地方公共団体の委員会も、法律の定めるところにより、法令又は普通地方公共団体の条例若しくは規則に違反しない限りにおいて、その権限に属する事務に関し、規則その他の規程を定めることができ（138の4②）、具体的には、教育委員会（地教法15①）、人事委員会・公平委員会（地公法8⑤）などは、法の委任（地教法、地公法など）を受け、規則を定めることができます。また、選挙管理委員会は、自治法等に規定するものを除き、必要な事項を定める（194）とされ、これに基づく規程も規則に含まれます。

　こうした規則間の関係については、長の規則が優先されます。

　さらに、条例と規則の関係でいえば、条例の方が議会の議決を経た法規範として上位に位置づけられ、詳細な事項については条例で規則に委任するといったことが行われます。

2 条例の罰則、規則の罰則とは

(1) 条例の罰則

　条例では、違反した者に対し、2年以下の懲役若しくは禁錮、100万円以下の罰金、拘留、科料若しくは没収の刑又は5万円以下の過料を科する旨の

規定を設けることができます（14③）。

また、条例では、こうした罰則以外に、義務の履行確保のための手段として、違反者の氏名公表などを規定することができます。

（2）規則の罰則

規則には5万円以下の過料を科する旨の規定を設けることができます（15②）。

3　行政罰の分類

懲役、禁錮、罰金、拘留、科料、没収は、反社会的、反道義的な行為に対して、刑法に定める刑罰を科す行政刑罰であり、刑法総則が適用されます。こうした行政刑罰は裁判所の所管になります。

一方、秩序罰である過料は、法律に基づく場合は非訟事件手続法により裁判所が、条例・規則に基づく場合は長が科します。

図表　行政刑罰と秩序罰の比較

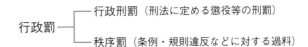

● キーワード深読み　**要綱**

地方公共団体では、条例・規則以外に、要綱という形式の内規が定められ、これに基づく運用がなされています。

要綱の法的性質は行政内部の事柄を定めた内規であり、①市民参加の会議等の設置を定める組織要綱、②補助金・手当等の給付の根拠となる助成要綱、③行政指導の根拠を定めた指導要綱、④事業の根拠となる事業実施要綱等に分類されます。

特に、「宅地開発指導要綱」に代表される③の指導要綱については、行政指導の根拠として、地域住民から寄せられる強い要望に対し、地方公共団体として迅速・柔軟な対応を図る観点から採用され、全国に広がっていきました。しかしながら、国からの是正の指導とともに、行政手続法の制定を踏まえ、地方公共団体においても、行政手続条例の整備などが進んできたこと、地方分権一括法により、義務を課したり、権利を制限するものは条例によることが明確化されたことから、内容に応じて条例化されています。

19 過料と科料

> **出題パターン** 次の文の正誤を判定せよ
>
> **Q** 科料と同様に、法令・条例に基づく過料も裁判所が科す。
>
> **A** 誤り。科料は刑罰であるため裁判所によりますが、過料は法律に基づく場合は裁判所が、条例に基づく場合は長の決定に基づき科すことになります。

1 過料とは

過料は行政上の義務違反に対する秩序罰として科され、条例による場合は長が、法律の場合は非訟事件手続法に基づき裁判所が科します。

条例・規則では、5万円以下の過料を徴する規定を設けることができます（14③、15②）。また、正当な理由なく事務の引継ぎを拒んだ者に対して、都道府県に係るものは総務大臣、市町村に係るものは都道府県知事がそれぞれ10万円以下の過料を科すことができます（159②、令131）。

こうした過料について、期限までに納付がない場合には督促し、地方税の滞納処分の例により強制徴収できます（231の3①③）。

2 科料とは

科料は、日本の現行刑法における主刑で最も軽い刑罰で、軽微な犯罪に対して科されるものです。具体的には、1000円以上1万円未満の金銭を強制的に徴収する財産刑の一種になります。

この科料は、懲役、禁錮、罰金、拘留、没収などとともに、反社会的、反道義的な行為に対して、刑法に定める刑罰を科す行政刑罰の1つで、刑法総則が適用されます。こうした行政刑罰は裁判所の所管になります。

なお、罰金は、財産刑という点では科料と一緒ですが、その金額が異なり、罰金は1万円以上となっています。

3 その他の行政刑罰

条例には、2年以下の懲役若しくは禁錮、100万円以下の罰金、拘留、科料若しくは没収の刑又は過料を科すことができます（14③）。科料以外の行政刑罰は図表1のとおりです。

図表1　行政刑罰の概要

懲役	受刑者の身体を拘束することで自由を奪う自由刑の一種で、所定の作業を実施。有期と無期
禁錮	受刑者の身体を拘束することで自由を奪う自由刑の一種で、所定の作業無。有期と無期
罰金	受刑者の財産を剥奪する財産刑の一種で1万円以上
拘留	受刑者の身体を拘束することで自由を奪う自由刑の一種で、所定の作業無。最長29日間
没収	犯罪に関係するものの所有権を国庫に帰属。単独では課せない付加刑

● キーワード深読み　**過料の徴収手続き**

　行政刑罰を科すには裁判等の手続きが必要であるほか、条例で行政刑罰を科す規定を設けるには事前に地方検察庁と協議を行う、いわゆる検察協議が必要です。一方、過料の場合、長の権限で科すため、協議が不要で、その徴収も地方公共団体の職員に行わせることができます。こうした点が、歩行喫煙やポイ捨ての禁止などに係る義務履行確保手段として過料が多く用いられている理由といえます。

　ただ、科料と比較すると過料は職員が対応できますが、秩序罰の1つであり、実際に過料処分を行うには、図表2のとおり適正な手続きが求められます（255の3①）。また、一部の条例では、勧告・指導を行わずに、すぐに過料を科す直罰規定となっています。なお、歩行喫煙に関しては、横浜市の裁判例もあり、当該地方公共団体の区域外から来た人にも、特定の行為が行政上の義務違反であることが分かる状態にしておく必要があります。

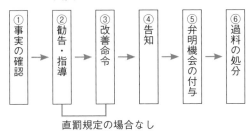

図表2　過料の手続きフロー

20 条例の公布と条例の施行

出題パターン 次の文の正誤を判定せよ

Q 条例は公布しなくても、施行していれば効力が生じる。

A 誤り。条例は公布によって周知されている状態にしておかなければ、施行の効果は生じません。

1 公布、施行とは

公布は成立した条例や法律を公表して一般に知り得る状態にすることをいい、施行は条例や法律の効力が現実に発動し、作用することをいいます。この2つの流れをとおして、はじめて効力が生じます。

普通地方公共団体の議会の議長は、条例の制定又は改廃の議決があったときは、その日から3日以内に長に送付しなければならず（16①）、これを受けた長は、その日から20日以内に公布しなければなりません（同②本文）。公布された条例は、条例に特別の定めがあるものを除くほか、公布の日から起算して10日を経過した日から、施行されます（同③）。

図表　条例制定の流れ

ただし、通常は、条例の附則で、公布の日から施行するとしたり、4月1日など明確に施行日を定めたり、規則への委任といったことがなされます。こうした条例の公布に関し必要な事項は条例で定めなければならず（同④）、

それぞれの団体が「○○市公告式条例」などを制定しています。
　また、普通地方公共団体の規則並びにその機関の定める規則及びその他の規程で公表を要するものについても同様の手続きが取られます（16⑤）。

❷　条例議案の議会提出など

　条例の公布や施行の前に条例が議会で可決、成立している必要があります。

（1）条例議案の議会提出

　条例議案の議会提出は、議員（112①本文）、議会の委員会（109⑥本文）、長（149Ⅰ）が行うことができます。また、長のみ、議員のみに提出が認められているものもあります（詳細は29参照）。

（2）議決の要件

　条例議案は通常出席議員の過半数で可決しますが、地方公共団体の事務所の位置を定める条例（4③）や条例議案の再議決（176③）、秘密会の開催（115①ただし書き）などには出席議員の3分の2など、特別多数議決が必要です（詳細は25参照）。

● キーワード深読み　施行期日

　条例は、公布後、定められた施行日又は公布から10日経過した日に施行されますが（16③）、特に準備や周知のための期間が必要ない場合や緊急を要する場合には、「公布の日から施行する」として即日施行を定めます。
　この周知期間に関わる裁判例として、昭和29年の「覚せい剤取締法の一部を改正する法律」があります。この改正法は、同年6月12日に公布され、即日施行されました。同日に、その改正法によってより重い罪が適用される被告がおり、最高裁判所は、国民が官報を最初に閲覧・購入できる状態になったときに公布があったといえるとの判断を示して、本件の場合、それを東京の官報販売所で官報を閲覧・購入ができた時刻である12日の午前8時30分とし、午前9時に罪を犯した被告への重い刑の適用を認めました。以後、この最高裁判所の考え方が法律の公布・施行の時期に関する通説となっています。
　また、平成22年4月27日には、最高刑が死刑となる罪の時効を撤廃する刑事訴訟法の改正法が可決・成立しましたが、持ち回り閣議を経て、官報の「特別号外」を発行し、即日施行されました。これにより、平成7年に発生し、翌日の4月28日に時効を迎える見込みだった岡山県の夫婦殺害放火事件の時効が撤廃されるに至っています。

21 住民と市民

> **出題パターン** 次の文の正誤を判定せよ
>
>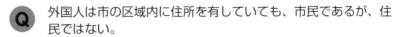
> 外国人は市の区域内に住所を有していても、市民であるが、住民ではない。
>
>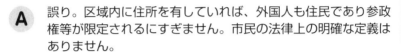
> 誤り。区域内に住所を有していれば、外国人も住民であり参政権等が限定されるにすぎません。市民の法律上の明確な定義はありません。

1 住民とは

　市町村の区域内に住所を有する者は、当該市町村及びこれを包括する都道府県の住民（10①）と規定されており、住所要件を満たせば、法人、自然人を問わず、また日本国籍の有無に限らず、住民です。また、住民は、法律の定めるところにより、その属する普通地方公共団体の役務の提供をひとしく受ける権利を有し、その負担を分任する義務を負います（同②）。

　ただし、選挙権（18）、条例の制定改廃請求（74）などは日本国民たる年齢満20年以上の者で引き続き3か月以上住所を有するものとなっており、国籍要件が定められています。なお、年齢要件は平成28年6月から満18年以上となります。

2 市民（町民、村民）とは

　市民は、例えば、市民農園整備促進法では、市民農園を主として都市の住民の利用に供される農地などと定義しており、都市の住民という非常に広範な定義となっています。また、法令の規定では、町民や村民などを単独で規定しているものも見受けられません（市町村民税のように使われているのみです）。

　一方、近年、広がりをみせている自治基本条例では、市民を定義するものがありますが、区域内に住所を持つ人に加え、区域内で働く人や、学ぶ人、活動する人及び団体など、その定義は広範なものとなっています。

3 住民の権利

　自治基本条例などでは、参加などの原則の適用対象を日本国民たる住民以外に広げているものもあります。具体的には、永住外国人に住民投票の権利を認めているものがみられます。

　こうしたなか、自治法における住民の権利等は図表1のとおり規定されており（詳細は22参照）、日本国民たる住民以外にも住民監査請求等の権利が認められています。

図表1　住民の権利等

権利の内容	対象となる住民の区分
役務の提供を等しく受ける権利（10②）	住民（外国人、法人含む）
参政権 ・選挙に参加する権利（選挙権（18）、被選挙権（19）） ・直接請求権（条例制定改廃、事務監査、議会解散、解職）（12、13、74〜88） ・当該地方公共団体のみに適用される特別法制定の賛否の住民投票（261、262）	日本国民たる住民（年齢、居住期間（3か月以上区域内に住所を有する）等の要件あり） ※長の被選挙権は住所要件なし
住民監査請求（242）、住民訴訟（242の2）	住民（外国人、法人含む）
議会への請願（124）、陳情	他の地方公共団体の住民含む（外国人、法人を問わない）

● 関連キーワード　**住民投票**

　参政権の1つとして住民投票があります。この住民投票には図表2のとおり、法律に基づくものと、地方公共団体の条例等に基づくものがあります。
　前者の場合、長はその結果に拘束されますが、後者の場合、尊重義務が生じるにすぎません。特に後者では、一定の投票率に達しないときは開票しないものもあり、その位置づけ、政策への反映が問われています。

図表2　住民投票の類型

根　拠	内　容	投票結果の効果
法律	・地方自治特別法の住民投票（261、262） ・主要公務員の解職請求等に係る住民投票（76〜88） ・合併協議会の設置に係る住民投票（合併特例法4⑩〜⑰） ・特別区設置協定書の締結に係る住民投票（大都市地域特別区設置法7）	法的効果あり
条例等に基づく住民投票	・実施のたび条例等を制定して行うもの ・常設型条例等に基づき実施するもの	法的効果なし 尊重義務

22 選挙権と被選挙権

出題パターン 次の文の正誤を判定せよ

Q 市町村の長と議員の被選挙権は、当該選挙に選挙権を有する年齢満25年以上の者で、3か月以上当該区域内に住所を有する必要がある。

A 誤り。市町村の長の被選挙権について住所要件は必要ありません。

1 選挙権とは

選挙権は、日本国民たる住民が地方公共団体の選挙に参与する権利のうち、長及び議員を直接選挙する権利です。年齢要件は満20年以上で、引き続き3か月以上当該区域内に住所を有する必要があります（18）。なお、法改正により平成28年6月から年齢要件は満18年以上となります。

図表1　選挙権と被選挙権

	選挙権	被選挙権		
		議員	長	
			都道府県知事	市町村長
年　齢	満20年以上	満25年以上	満30年以上	満25年以上
住所要件	必要	必要	不要	
国　籍	日本国民			

※1　選挙権の住所要件は引き続き3か月以上当該区域内に住所を有する必要がある
※2　選挙権の年齢要件は平成28年6月から満18年以上となる

特別地方公共団体である広域連合の長や議会の議員も選挙人の投票によることができますが、実際には構成する地方公共団体の議会の投票により議会の議員が選ばれ、同様に、構成する地方公共団体の長の投票により広域連合の長が選ばれています（291の5）。また、選挙権・被選挙権ともに、禁錮以上の刑に処せられ、刑の執行を終わるまでなど、一定の事由の場合には、認められません（公選法11）。

2 被選挙権とは

　被選挙権は、日本国民が地方公共団体の選挙に参与する権利のうち、長及び議員の選挙で当選人となり得る権利です。長は、当該選挙の選挙権は要せず、住所要件が不要となっており、また、議員・市町村長の年齢要件は満25年以上ですが、知事は満30年以上となっています（19）。

> **関連キーワード　直接請求**
>
> 　選挙権、被選挙権とともに、日本国民たる住民に認められる参政権に直接請求権があります。具体的には①条例の制定改廃請求、②事務監査請求、③議会の解散請求、④議員・長の解職請求、⑤主要公務員の解職請求があり、必要署名数、受理機関（長なのか、監査委員なのか、選挙管理委員会なのか）、その後の措置（住民投票が必要なのか）などを押さえておく必要があります。

図表２　直接請求の概要

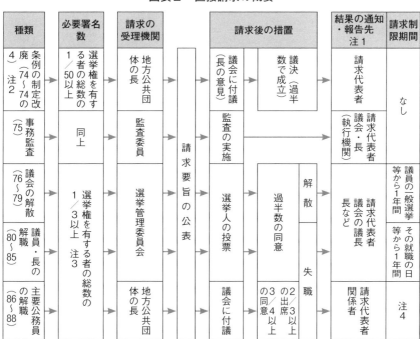

注１　全て結果を公表する必要あり
注２　地方税の賦課徴収並びに分担金、使用料及び手数料の徴収に関するものを除外
注３　総数が40万を超え、80万以下の場合には、「40万を超える数×1/6+40万×1/3」に、総数が80万を超える場合は、「80万を超える数×1/8+40万×1/6+40万×1/3」になる
注４　その就職の日から副知事・副市町村長等は１年間、監査委員等は６か月

23 議会の議決と議会の承認

> **出題パターン** 次の文の正誤を判定せよ
>
> **Q** 議会の議決を要するものは、議決がない場合、全て効果を持たず、専決処分の事後報告も同様に承認が得られない場合、効果を失う。
>
> **A** 誤り。専決処分は不承認でも効果を失いません。決算認定も同様です。

1 議会の権限

国会が国権の最高機関であって、国の唯一の立法機関である（憲41）のに対して、普通地方公共団体の議会は議事機関です（憲93①）。

議会の権限は図表1のとおりですが、その中心は、普通地方公共団体の団体意思を決定する議決権にあり、また、それ以外にも、選挙権、地方公共団体の事務について監視・牽制、調査、承認・同意等をする監視権等、議会の機関としての意思や見解等を表明する意見表明権、議会の内部的事項について自律的に決定及び処理する自律権を有しています。

図表1　地方公共団体の議会の権限

議決権	地方公共団体の意思を決定する権限（96）
選挙権	議長などを選び決定する権限
	議長・副議長の選挙（103①）、選挙管理委員の選挙（182①）など
監視権等	執行機関の事務執行を監視し、牽制する権限
	検査権（98①）、監査請求権（98②）、調査権（100①〜⑪）、事務調査権（109②③）、承認権（179③）、同意権（162）など
意見表明権	機関としての意思や見解等を表明する権限
	意見書提出権（99）、諮問答申権（206②など）、請願受理（124、125）
自律権	組織・運営に関し、自律的に決定・処理する権限
	決定権（118①、127①）、内部組織運営権（109①など）、規則制定権（120など）など

平成12年の地方分権改革により、普通地方公共団体の議会の権限は自治事務及び法定受託事務に及ぶことになりましたが、国家の安全に関わるものなど一部除外されることに留意が必要です（詳細は13参照）。

2 議決とは

議決は、団体意思を決定するもので、その対象は図表2のとおり自治法に制限列挙されています（96①）。また、条例により議会の議決に付すべきものを定めることができますが、法定受託事務で、国の安全に関することなど、適当でない事項は除かれます（同②）。

重要な契約の締結など、議会の議決を要する事項について長が議会の議決を得ずに事務執行した場合、その行為は無効となります。ただし、決算の認定については事後報告であり、議決が得られなくとも、単に認定しないというだけで、法的な効果は生じません。

図表2　議会の議決の対象

①条例の制定・改廃	⑧重要な財産の取得・処分
②予算	⑨負担付きの寄附・贈与
③決算の認定	⑩権利の放棄
④地方税、分担金、使用料、手数料等の徴収	⑪条例で定める重要な公の施設の長期・独占的な利用
⑤重要な契約の締結	⑫不服申立て、訴えの提起、和解など
⑥財産の交換、適正な対価のない譲渡、貸付等	⑬損害賠償額の決定
	⑭公共的団体等の活動の総合調整
⑦不動産の信託	⑮法律等により議会が議決すべき事項

3 承認とは

承認権は監視権等の1つに位置づけられます。議会が成立しないときなどの専決処分の承認は（179③）、承認が得られなくとも、その効果に影響はありません。ただし、条例・予算の専決処分について議会が不承認としたときは、長は速やかに必要と認める措置を講じ、報告しなければなりませんが（同④）、その措置内容は条例改正案の提出、補正予算の提出などに限られず、あくまでも長が必要と認める措置となっています。

24 議会の調査権と議会の検査権

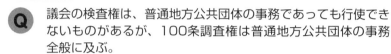

出題パターン 次の文の正誤を判定せよ

Q 議会の検査権は、普通地方公共団体の事務であっても行使できないものがあるが、100条調査権は普通地方公共団体の事務全般に及ぶ。

A 誤り。調査権・検査権ともに制限があります。

1 議会の調査権とは

議会の調査権は、監視権等の1つとして位置づけられ、議決権その他の権限を有効適切に行使するため、国会の国政調査権と同様に、地方公共団体の議会にも認められています。これが自治法100条に規定されていることから100条調査権ともいわれます（100①～⑪）。

（1）対象

調査権は地方公共団体の事務全般に及びますが、自治事務の場合は労働委員会及び収用委員会の権限に関する事務の一部、法定受託事務の場合は国の安全を害するおそれのあるものなどは除外されています（100①前段）。

（2）手続き等

調査の主体は議会であり、その行使には議決が必要です。また、委員会は事務調査権を有するのみで、委員会独自の調査権を有しませんが、委任する旨の議決を得て、行使することができます。

また、調査にあたって、出頭の請求等もでき（100①後段）、これを拒んだ場合、6か月以下の禁錮又は10万円以下の罰金に処せられます（同③）。

さらに、公務員が知り得た職務上の秘密でも、官公署の承認を得て提出させることができ、官公署が拒む場合、理由の説明が必要です（同④）。

❷ 議会の検査権とは

議会の検査権は、事務の管理、議決の執行及び出納を検査する権限です（98①）。

（1）対象

検査権も調査権と同様に、自治事務の一部、法定受託事務の一部は対象から除外されます（98①）。

（2）手続き等

検査の方法には、①事務に関する書類及び計算書の検閲、②長などの執行機関への報告の請求があり、実地検査は含みません。検査権の行使には、議会の議決が必要であり、通常は委員会に行わせています。

● 関連キーワード　議会の権限

◆ **事務調査権**
　事務調査権は、常任委員会等がその部門に属する事務の調査を行うもので（109②③）、100条調査権と異なり関係人の出頭の請求等はできません。

◆ **監査請求権**
　監査請求権は、地方公共団体の事務に関して監査委員に対して、監査を求め、その結果に関する報告を請求するもので、調査権、検査権と同様に除外される事項があります（98②）。監査請求権の行使にも議決が必要です。

◆ **意見書提出権**
　意見書提出権は、議会が当該地方公共団体の公益に関する事件につき意見書を国会又は関係行政庁に提出する権限で（99）、関係行政庁は、地方公共団体の機関や国の行政機関等です。関係行政庁等には受理する義務があり、誠実に処理しなければなりませんが、その内容に法的に拘束されません。また、意見書提出権は機関としての議会意思であり、議員のみが発議できます。

◆ **自律権**
　自律権は、議会自らがその組織及び運営関して自律的に決定し、処理する権限をいい、決定権、狭義の自律権、自主解散権に大別されます。決定権には議会の行った選挙の投票の効力に関する異議の決定権（118①、127①）、狭義の自律権には常任委員会の設置等の内部組織権（109①など）、会議規則などの規則制定権（120など）が含まれます。なお、自主解散の規定は議会解散特例法にあります。

◆ **選挙権**
　選挙権は、特定の地位に就くべきものを選ぶ権利で、公職選挙法を準用した手続きにより行います（118①）。議長・副議長の選挙（103①）、仮議長の選挙（106②）、選挙管理委員の選挙（182①）などがあり、議案の議決と異なり、比較多数で決せられることが特徴です。

25 議会の過半数議決と議会の特別多数議決

出題パターン 次の文の正誤を判定せよ

Q 特別多数議決で決するのは、一般的拒否権（議会で否決された場合の再議が長の任意のもの）により長が再議に付した事項のみであり、当初議決に付されるものは全て過半数で決せられる。

A 誤り。当初議決でも特別多数議決の対象になるものが多くあります。

1 過半数議決とは

過半数議決（絶対多数）は、普通地方公共団体の議会の通常の意思決定の方式であり、普通地方公共団体の議会の議事は、出席議員の過半数でこれを決し、可否同数のときは、議長の決するところによる（116①）とされ、過半数で決することが基本です。なお、過半数で決する場合、議長は、議員として議決に加わる権利を有しません（同②）。

このように議会の意思決定では、多数決の原則のうち、基本的には過半数（絶対多数）が採用されていますが、このほかに特別多数、比較多数があります。

2 特別多数議決とは

このように、議会の意思は、過半数で決することが基本ですが、重要な事項について特別多数議決を定めているものがあります。その対象は図表1のとおりで、事務所の位置を定める条例や秘密会の開催などは3分の2以上、副知事等の解職は4分の3以上、議会の自主解散は5分の4以上となっています。

また、図表1のとおり、副知事等の解職、議員の除名、長の不信任議決など、特定の地位にある者の資格に関する議決は、定足数についても特別の要件が定められています。

● 関連キーワード　比較多数

　過半数議決、特別多数議決以外に比較多数があり、議長選挙等の議会の選挙は出席議員の過半数でなく、比較多数の方法によります。例えば、3人の候補で、投票の結果、過半数を超える候補者がいなくとも最も多い候補者で決定されます。

図表1　議会の特別多数議決を要する議案

特別多数議決を要する議案	定足数	議決
事務所の位置を定める条例（4③）	定数の半数以上	2/3以上
秘密会開催（115①ただし書き）（3名以上発議）		
議員の資格の決定（127①）		
条例の制定・改廃、予算の再議決（176③）		
条例で定める重要な公の施設のうち条例で定める特に重要なものの廃止、条例で定める長期かつ独占的な利用（244の2②）		
副知事・副市町村長、指定都市の総合区長、選挙管理委員、監査委員、公安委員会の委員の解職請求の議会への付議（87①）	2/3以上	3/4以上
議員の除名（135③）		
長の不信任の議決（178①③）		
再度の長の不信任の議決（178②③）		過半数
議会の自主解散（議会解散特例法）	3/4以上	4/5以上

● キーワード深読み　賛否の表明の方法

　過半数議決をはじめ、出席議員が意思表明をし、その数を確認することによって議会としての意思決定が行われることになります。その方法は会議規則で定められます。具体的には図表2のとおりです。

図表2　表決方法

起立による表決	議案等に賛成の議員が起立し、その多少を認定して可否を決するもの。一般的な方法
投票による表決	記名又は無記名の投票で表決をとって、可否を決するもの
簡易表決	異議の有無を会議にはかり、異議がないと認めるときは、議長は、可決の旨を宣告する。簡単軽微であり、反対者がいないと予測されるときに用いられる

26 議員の定数と議会の定足数

> **出題パターン** 次の文の正誤を判定せよ
>
> **Q** 普通地方公共団体の議員の定数、議会の定足数は議会運営規則で定める。
>
> **A** 誤り。議員の定数は条例で定める必要があり、議会の定足数の例外は自治法で定められています。

1 議員の定数とは

　議員の定数は、都道府県、市町村ともに、条例で定める必要があります（90①、91①）。以前は自治法で人口に応じた議員定数の上限が定められていましたが、平成23年の自治法改正により、その規定が廃止され、普通地方公共団体が独自に条例で定められるようになりました。

　また、議員定数の増減は、一般選挙の場合にしか行えませんが、都道府県の場合には、申請に基づく合併などにより、人口が著しく増加したときは増加させることができ、市町村の場合には、廃置分合等により人口が著しく増減したときは増減させることができます（90②③、91②③）。

2 議会の定足数とは

　議会の定足数は、議会が会議を開き、意思決定機関として意思を議決するのに必要な最小限度の出席者数のことをいいます。会議を開くための定足数とともに、特別な議決を行うための定足数も定められていますが、その前提として議会が成立している必要があり、欠員を除いた議員数が議員定数の半数に満たない場合には補欠選挙をしなければ開会できません。

（1）会議を開くための定足数

　地方公共団体の議会が会議を開くための定足数は議員定数の半数以上の議員の出席となっています（113本文）。

　ただし、図表1に該当するときは会議を開くことができます（同ただし書き）。

図表1　会議を開くための定足数の例外

①除斥のため半数に達しないとき
②同一の事件につき再度招集してもなお半数に達しないとき
③招集に応じても出席議員が定数を欠き議長において出席を催告してもなお半数に達しないとき
④半数に達してもその後半数に達しなくなったとき

（2）議決のための定足数

特別多数議決の前提として定足数を別に定めているものは図表2のとおりです。この場合の定足数は議員定数ではなく、欠員を除いた在職議員数で計算します。また、議長は当初から表決権を有します。

図表2　定足数の特例を定めている議案

定足数の特例を定めている議案	定足数	議　決
副知事・副市町村長、指定都市の総合区長、選挙管理委員、監査委員、公安委員会の委員の解職請求の議会への付議（87①）	2/3以上	3/4以上
議員の除名（135③）		
長の不信任の議決（178①③）		
再度の長の不信任の議決（178②③）		過半数
議会の自主解散（議会解散特例法）	3/4以上	4/5以上

● 関連キーワード　**その他の定数、定足数**

自治法では、議会以外の定数、定足数も規定しています。
◆　定数
次の定数は条例で定める必要があります。副知事等は置かないこともできます。
　副知事・副市町村長の定数（161②）
　職員定数（事務局職員）（138⑥、172③、191②など）
　監査委員の定数の増（195②ただし書き）　など
◆　定足数
選挙管理委員会：3人以上の委員の出席（189①）（委員定数は4）
国地方係争処理委員会：委員長及び2人以上の委員の出席（250の11②）（委員定数は5）

第5章　地方公共団体の議会……61

27 議員の兼職と議員の兼業

出題パターン 次の文の正誤を判定せよ

Q 普通地方公共団体の議会の議員は、衆議院議員・参議院議員（国会議員）との兼職、あらゆる法人の役員と兼ねる兼業ができない。

A 誤り。国会議員との兼職はできませんが、兼業禁止の法人は限定されます。

1 兼職、兼業とは

普通地方公共団体の議員は、住民の直接選挙によって選ばれる非常勤の特別職の地方公務員です（地公法3③Ⅰ）。会社の役員など、他の職業に就いている人もいますが、一定の公職を兼ねる兼職と、一定の営利企業を経営し、又は営利企業に従事する兼業が制限されています。

2 兼職禁止の対象

普通地方公共団体の議員は、図表1の職との兼職が禁止されており、公務員が議員選挙の立候補者となった場合は、当該公務員は届出日に退職したものとみなされます（公選法90）。

図表1　議員の兼職禁止対象となる主な職

衆議院議員・参議院議員		92①
他の地方公共団体の議員 ※広域連合等の議員は可能（291の4④ほか）		92②
地方公共団体の常勤職員 ※短時間勤務職員含む		92②
普通地方公共団体の長		141②
副知事・副市町村長		166②（141②の準用）
行政委員会委員	選挙管理委員	182⑦
	教育委員会の委員	地教法6
	人事（公平）委員会の委員	地公法9の2⑨
	公安委員会の委員	警察法42②
	収用委員会の委員及び予備委員	土地収用法52④

3 兼業禁止の対象

　普通地方公共団体の議会の議員は、①請負人、②その支配人、③主として同一の行為をする法人の無限責任社員、取締役、執行役若しくは監査役若しくはこれらに準ずべき者、支配人及び清算人になることができません（92の2）。議員在職中にこれらの業に従事していると、議会で出席議員の3分の2以上の多数により決定した場合は、失職します（127①）。

● 関連キーワード　長等の兼職と兼業の禁止

　ここでは、議員の兼職と兼業を解説しましたが、自治法は、他の公職についても図表2のとおり、兼職・兼業の禁止を規定しています。

図表2　長等の兼職・兼業の禁止規定

	兼職禁止					兼業禁止
	長	国会議員	地方議員	常勤職員（短時間勤務含む）	検察官等（注1）	
普通地方公共団体の長		× 141①	× 141②			①請負人 ②その支配人 ③主として同一の行為をする法人（当該普通地方公共団体が出資している法人で政令で定めるものを除く。）の無限責任社員、取締役、執行役若しくは監査役若しくはこれらに準ずべき者、支配人及び清算人（142、166②、180の5⑥）（注2）
副知事・副市町村長	長が議会同意で任命	× 166② (141)			× 166①	
全ての行政委員会の委員	兼業は一律だが、それ以外は職による					
選挙管理委員	× 182⑦	× 193 (141①)	× 182⑦		× 193 (166①)	
監査委員	長が議会同意で任命	× 201 (141①)		× 196③	× 201 (166①)	

注1：検察官等は、検察官、警察官若しくは収税官吏又は普通地方公共団体における公安委員会の委員
注2：行政委員会の委員においては職務に関してという限定あり

28 定例会と臨時会

> **出題パターン**　次の文の正誤を判定せよ
>
> **Q** 定例会は普通地方公共団体の長が招集するが、臨時会は議員の請求に基づいて議長が招集する。
>
> **A** 誤り。臨時会も長が招集しますが、長が招集しないときは議長が招集します。

1　定例会、臨時会とは

普通地方公共団体の議会には、定例会及び臨時会があります（102①）。

定例会は、毎年、条例で定める回数を招集するもので（同②）、年4回開催される場合が多いです。

臨時会は、必要がある場合において、その事件に限り招集する（同③）ものです。このため、臨時会に付議すべき事件は、長があらかじめ、告示しなければなりませんが（同④）、臨時会の開会中に急を要する場合には、他の事件も付議することができます（同⑥）。

招集は長が行いますが、その会期等は議会が決めます（同⑦）。

2　議会から長への臨時会の招集請求

臨時会については、事件があるときに、長が招集するほか、図表1のとおり、議会からの請求により、招集できます。

図表1　議会から長への臨時会の招集請求の流れ

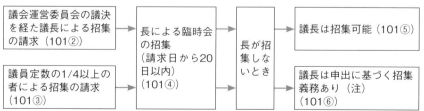

注：請求の申出日から都道府県・市は10日以内、町村は6日以内

具体的には、議会運営委員会の議決を踏まえた議長による招集の請求（101②）、議員定数の４分の１以上の者による招集の請求（同③）があった場合、20日以内に長が招集しなくてはなりません（同④）。それでも長が招集しないときは、議長による請求の場合は議長自ら招集でき（同⑤）、議員からの請求で、請求者から申出があった場合、議長は招集しなくてはなりません（同⑥）。

● 関連キーワード　**通年会期**

> 通常の議会は定例会と臨時会により構成されており、これまでの通年議会は会期を工夫することにより対応するものでした。具体的には、第１回定例会の会期を１月１日から12月31日までとするものでした。
> しかし、平成24年の自治法改正により、地方公共団体の議会について、条例により、定例会・臨時会の区分を設けず、通年の会期とすることができるようになりました（102の２①）。
> 会期を工夫して行う場合、年はじめの開会の際は、長が招集する必要がありますが、それ以降は議会の判断で会議を開くことが可能となります。
> 一方、改正自治法に基づく場合には、招集行為を必要とせず、条例で定める会期の初日の到来をもって当該日に招集されたものとみなされ（同②）、議員の任期が満了したときなどに会期は終了します（同③）。会期が終了した場合、長は、一般選挙により選出された議員の任期が始まる日から30日以内に議会を招集しなければなりません（同④）。
> そして、この改正自治法に基づく通年会期の場合、定期的に会議を開く日（定例日）を定めなければならないことになっています（同⑥）。

図表２　通年議会の開催イメージ

	１月	２月	３月	４月	５月	６月	７月	８月	９月	10月	11月	12月
通常		招集	定例会／会期		招集	定例会／会期		招集	定例会／会期		招集	定例会／会期
通年会期（会期工夫）	招集／会期	再開	審議		再開	審議		再開	審議		再開	審議
通年会期（自治法）		●● 定例日	●●●		会期	●●● 定例日			●●● 定例日		●	●●● 定例日

29 長の議案提出権と議員の議案提出権

出題パターン 次の文の正誤を判定せよ

Q 議案の提出権は必ず長・議員のいずれかに専属し、双方には認められない。

A 誤り。一般的な条例の議案提出権は長・議員の双方にありますが、予算などは長、常任委員会の設置に関する条例などの議案提出権は議員に専属しています。

1　長の議案の提出権とは

長の役割として、普通地方公共団体の議会の議決を経るべき事件につき、その議案を提出すること（149Ⅰ）がありますが、長の提出権は全てに及ぶわけではなく、図表1のとおり、議員にのみ認められるものがあります。

図表1　議案の提出権者

	提出権者	議決事件の種類・内容・例
1　団体意思の決定（議決をもって、当該地方公共団体の意思が決定されるもの）	議員及び長（原則）	事務所の位置を定める条例（4）、議員定数条例（90①、91①）、その他条例
	長のみ（執行機関の自己組織権に関わるもの）	予算（109⑥ただし書、112①ただし書）、支庁・地方事務所等設置条例（155①②）、行政機関設置条例（156①②）、直近下位の内部組織等条例（158①）　など
	議員のみ（議決機関の自己組織権）	委員会設置条例（109①⑨）、議会事務局設置条例（138②）　など
2　機関意思の決定（議会として意思が決定されるもの）	議員のみ	関係行政庁への意見書提出（99）、議員の資格決定（127①）、議員の懲罰（134①）、不信任決議（178①②）
3　長の事務執行の前提要件（権限の行使に関し議会の関与を認めるもの）	長のみ	副知事・副市町村長の選任（162）、監査委員の選任（196①）　など

2　議員の議案の提出権とは

普通地方公共団体の議員は議会の議決すべき事件につき、議会に議案を提

出することができるほか、委員会も議案を提出できますが、予算はこの限りでない（109⑥ただし書き、112①ただし書き）など、図表１のとおり、全ての議案を提出できるわけではありません。

一方、議会における委員会の設置（109①）や、議会事務局の設置に係る条例（138②）などの提出権は長にはなく、議員に専属しています。

なお、議員が議案を提出するには、定数の12分の１以上の賛成が必要で（112②）（修正も同様（115の３））、議案提出は文書をもって行い（109⑦、112③）、口頭での議案提出は認められません。

● キーワード深読み　議案審議の流れ

議案審議は、おおむね図表２のとおり行われ、都道府県及び市の場合は開会の７日前まで、町村の場合は３日前までに長が招集の告示を行い（101⑦）、本会議が開会されます。本会議で、会期を決定した後、長等から議案の説明を受け、委員会に付託します。

委員会では、再度提出議案の説明を受け、議案を討論し、採決を行います。

この委員会での採決等について、委員長が本会議に報告し、最終的に賛否を決する採決が行われます。

条例が可決した場合、議長は、３日以内に長に送付し、長はそれを20日以内に公布しなければなりません（16①②）。予算も議長は３日以内に長に送付しなければなりませんが、長は送付を受けた場合、予算の要領を直ちに公表しなければなりません（219）。

図表２　議案審議の流れ

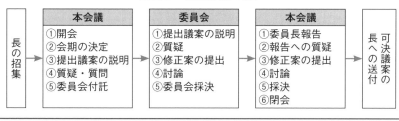

30 事故があるときと欠けたとき

出題パターン 次の文の正誤を判定せよ

Q 議長及び副議長に事故があるとき、欠けたときは、ともに仮議長を選出し、議長の職務を行わせる。

A 誤り。欠けたときは速やかに後任者を選挙する必要があります。

1 議長・副議長に事故があるとき、欠けたときとは

「事故があるとき」とは、除斥、病気、旅行等で、在職しているが職務を執り得ない事情にある場合をいい、「欠けたとき」は、死亡、辞職、失職等により欠員になった場合をいいます。

議長に、事故があるとき、欠けたときは、副議長が職務を行います（106①）。また、議長、副議長ともに事故があるときは、仮議長を選挙し、議長の職務を行わせます（同②）。一方、議長、副議長ともに欠けたときは、すぐに選挙を行う必要があり、出席議員中、年長の議員が臨時議長となり（107）、議長を選挙し、その後、副議長を選挙することになります（図表1参照）。

議長・副議長以外の職については図表2、関連キーワードを参照してください。

図表1 議長・副議長に事故があるときなどの対応

議長	副議長	措　置	
事故	事故	→ 年長議員が臨時議長	→ 仮議長を選挙、代行させる ※仮議長の選任を議長に委任可
欠	欠	→ 同上	→ 議長を選挙（その後副議長を選挙）
事故	—	→ 副議長が代行	
欠	—	→ 同上	→ 議長を選挙
—	事故	→ そのまま	
—	欠	→ 副議長を選挙	

図表2　その他の職の事故があるときなどの対応

普通地方公共団体の長	副知事・副市町村長が職務を代理（複数の場合、定めた序列、席次、年齢、くじの順）（152①）	
	副知事・副市町村長も事故があるとき、欠けたとき、置かないとき	・補助機関である職員のうちから当該普通地方公共団体の長の指定する職員が職務を代理（152②） ・代理する者がいない場合、規則で定めた上席の職員が職務を代理（152③）
会計管理者	必要がある場合、補助機関である職員が事務を代理（170③）（注）	
選挙管理委員会委員長	委員長の指定する委員が職務を代理（187③）	
代表監査委員	定数が3人以上の場合は代表監査委員の指定する監査委員、2人の場合は他の監査委員が職務を代理（199の3④）	
地域協議会の会長	地域協議会の副会長が職務を代理（202の6⑤）	
国地方係争処理委員会委員長	あらかじめ指名する委員が職務を代理（250の10③）（注）	

（注）事故があるときのみ規定

● 関連キーワード **議長、副議長の辞職等**

◆ 議長・副議長の辞職

開会中は、普通地方公共団体の議会の議長及び副議長は議会の許可を得て辞職できます（108本文）。一方、副議長は、閉会中でも、議長の許可を得れば辞職できますが（同ただし書き）、議長は閉会中の辞職はできません。

◆ 事故があるときなどの対応

議長・副議長以外にも自治法では図表2のとおり、事故があるとき、欠けたときの対応を規定しています。会計管理者のように議会同意等の手続きが不要で、欠けたときは速やかに長が命ずることが望ましい職などについては事故があるときのみ規定されています。

◆ 罷免

心身の故障のため職務の遂行に堪えないとき、職務上の義務違反その他非行があるときなど以外に、罷免できない職は次のとおりです。これらの職を罷免する場合、任命権者が議会の委員会で公聴会を開き、同意を得るなどの必要があります。

選挙管理委員（184の2）
監査委員（197の2）
人事委員会委員等（地公法9の2⑤～⑦）　など

第5章　地方公共団体の議会……69

31 常任委員会と議会運営委員会

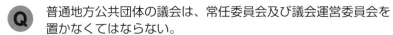

Q 普通地方公共団体の議会は、常任委員会及び議会運営委員会を置かなくてはならない。

A 誤り。実態としては置かれていますが、必置ではありません。

1 議会の委員会

普通地方公共団体の議会は、条例で、常任委員会、議会運営委員会及び特別委員会を置くことができます（109①）。

図表　本会議・委員会の構成

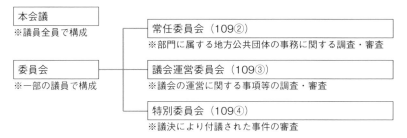

（1）常任委員会

常任委員会は、その部門に属する当該普通地方公共団体の事務に関する調査を行い、議案、請願等を審査します（109②）。平成24年の自治法改正により、議員は少なくとも1つの常任委員会に属するとの規定はなくなりましたが、実際には、委員会設置条例などで、全ての議員は少なくとも1つの常任委員会の委員になると規定されているものが多いようです（標準都道府県議会委員会条例、標準市議会委員会条例でも同様です）。

（2）議会運営委員会

議会運営委員会は、次に掲げる事項に関する調査を行い、議案、請願等を

審査します（109③）。
- ・議会の運営に関する事項
- ・議会の会議規則、委員会に関する条例等に関する事項
- ・議長の諮問に関する事項

（3）特別委員会

特別委員会は、議会の議決により付議された事件を審査します（109④）。

予算や決算は、特別委員会を設置して審査する団体もあり、また、100条調査権を行使する際も、特別委員会に調査権限を委任し、実施されることが多いようです。

2　委員会の会議等

通常の議案の審査では、本会議で委員会に付託し、審査が行われますが（詳細は29参照）、委員会の会議で特筆すべき事項として次のものがあります。

（1）委員会の公聴会等

委員会も公聴会を開き、利害関係者や学識経験者等から意見を聴くことができるほか、参考人の出頭を求め、意見を聴くことができます（109⑤による115の2の準用）。

（2）委員会の議案提出

委員会は、予算を除き、文書により、議会に議案を提出することができます（109⑥⑦）。

（3）議会の閉会中の審査

議会の基本原則として会期不継続の原則がありますが、委員会では、議会の議決により付議された特定の事件については、閉会中も、審査することができます（109⑧）。

● 関連キーワード　**全員協議会**

　議会は、本会議と委員会によって構成されますが、実際には、議会の審査や議会運営の充実を図る目的で開催される全員協議会などといわれる協議の場が従来からみられます。

　平成20年の自治法改正により、会議規則の定めるところにより、議案の審査又は議会の運営に関して協議又は調整を行う場を設けることができるとされ（100⑫）、全員協議会などの自治法上の位置づけが明確になりました。

32 会議公開の原則と秘密会

> **出題パターン** 次の文の正誤を判定せよ
>
> **Q** 普通地方公共団体の議会の会議は公開が原則だが、出席議員の過半数の同意がある場合には秘密会を開くことができる。
>
> **A** 誤り。出席議員の3分の2以上の同意で秘密会を開くことができます。

1 会議公開の原則、秘密会とは

普通地方公共団体の議会の会議はこれを公開する（115①本文）と定められており、公開が原則となっています。この公開には、①会議の傍聴のみならず、②報道の自由、③会議録の公開が含まれます。

この会議公開の原則の例外として秘密会があり、その要件は、議長又は議員3人以上の発議により、出席議員の3分の2以上の多数で議決したときとなっています（同①ただし書き）。

また、秘密会の是非についての討論は、内容の公開につながるおそれがあり、その発議は討論を行わないで可否を決しなければなりません（同②）。

2 議会の運営

（1）会議原則

議会の会議運営には、さまざまな会議原則があり、図表1のとおりです。

図表1　会議原則の一覧

①会議公開の原則（115①本文）	議会の会議は公開とするもの　（例外　秘密会）
②定足数の原則（113本文）	議会の会議は議員定数の半数以上の出席を要するとするもの　（例外　除斥のため半数に達しないときなど）
③多数決の原則（116①）	議会の議事は出席議員の過半数で決するとするもの　（例外　比較多数、特別多数の議決あり）
④会期不継続の原則（119）	会期中に議決に至らなかった事件は、後会に継続しないとするもの　（例外　委員会の閉会中審査）
⑤一事不再議の原則	一度議決した議案は、同一会期中は再度提出することはできないとするもの

（2）議会における質疑等

議会では議案等に対する質疑等が行われ、運営されますが、こうした用語は図表2のとおり使い分けられています。

図表2　質疑等の内容

質疑	議題となっている事件について提案者に対し疑問や不明点を質すこと
質問	当該団体の事務一般について問い質すこと
討論	議題となっている事件に対して採決の前に議員が賛否の意見を表明すること

● 関連キーワード　議会の紀律

◆　議場の紀律保持

　議長は、議場の秩序を保持する権限を有し、秩序を乱す議員の制止、発言の取消し、発言の禁止、議場外へ退去をさせることができます（129①）。さらに、議場が騒然としているときは会議を閉じ、又は中止できます（同②）。

　また、議長は、傍聴人に対して、制止命令を出し、これに従わない場合は退場させることができ、必要がある場合は警察官に引き渡すことができます（130①②）。

　さらに、議長は、傍聴に関する規則を定めなければなりません（同③）。

　一方、議員には、会議又は委員会で無礼の言葉の使用、他人の私生活の言論は認められません（132）。さらに侮辱を受けた議員は、下記の懲罰動議の要件によらず、議会に訴えて処分を求めることができます（133）。

◆　懲罰

　普通地方公共団体の議会は、自治法、会議規則及び委員会に関する条例に違反した議員に対し、議決により懲罰を科することができ、（134①）、具体的には①公開の議場での戒告、②公開の議場での陳謝、③一定期間の出席停止、④除名（135①）で、この順に懲罰が重くなっています。

　また、通常の条例等の議員の議案提出が定数の12分の1以上であるのに対して、懲罰の動議を議題とするにあたっては、議員の定数の8分の1以上の者の発議によらなければならず（同②）、除名については、議員の3分の2以上の者が出席し、その4分の3以上の同意を得る特別多数議決が必要となります（同③）。

33 請願と陳情

> **出題パターン** 次の文の正誤を判定せよ
>
> **Q** 普通地方公共団体の議会に請願・陳情しようとする者は、3人以上の議員の紹介により、請願書・陳情書を提出しなければならない。
>
> **A** 誤り。請願の際に必要な議員の紹介は1人でも可能で、陳情の際には議員の紹介は不要です。

1 請願とは

　請願は、国又は地方公共団体の機関に対して文書で願い出ることです。請願権は、何人も、損害の救済、公務員の罷免、法律、命令又は規則の制定、廃止又は改正その他の事項に関し、平穏に請願する権利を有し、何人も、かかる請願をしたためにいかなる差別待遇も受けない（憲16）と憲法で認められた基本的人権の1つとなっています。そして、請願について定める一般的な法として請願法があり、地方議会に対する手続きは自治法に規定され、これを受けて議会の会議規則などでより詳細に定められます。

　普通地方公共団体の議会に請願しようとする者は、議員の紹介により請願書を提出しなければならず（124①）、1名以上の議員の紹介があれば、自然人でも法人でも構いません。当該地方公共団体の地域内に住所を有している者に限られず、国籍や選挙権の有無も問われません。

　また、議会は、当該地方公共団体の執行機関で措置することが適当と認められる場合、採択した請願書を執行機関に送付し、その請願の処理の経過及び結果の報告を請求することができます（125）。当該執行機関は、この請願を誠実に処理しなければなりませんが、その内容に関して法的に拘束されるものではありません。

2 陳情とは

　陳情は公の機関に対して、一定の事項について、その実情を訴え、一定の

措置を求める事実上の行為をいいます。請願が憲法の保障する基本的人権の1つであり、法律的な行為であるのに対して、陳情は、議会の規則等で請願の例により処理するなどと規定される事実上の行為にすぎません。このため、法的には受理義務や誠実な処理義務もありません。また、議員の紹介も必要ありません。

実際の処理は、議会の会議規則などで処理方法を定め、請願の例により処理されることも多いようです。

● 関連キーワード **議会による意見の聴取等**

請願や陳情は、知事への手紙や市長へのメールのように、特定の課題について、本人が解決等を求めて議会にさまざまな実情を訴える手法ですが、自治法には、ほかにも専門家や利害関係者から意見聴取を行う手法が規定されています。

◆ 公聴会

議会（委員会も同様）は、会議において、予算その他重要な議案、請願等について公聴会を開き、真に利害関係を有する者・学識経験を有する者等から意見を聴くことができます（115の2①、109⑤による115の2の準用）。

公聴会は、重要案件の審議にあたり、より周到な審査を期するため、利害関係者や学識経験者等の住民の意向を直接聴く機会を設けることにより、間接民主制を補完する制度です。

◆ 参考人制度

議会（委員会も同様）は必要と認めるときは、参考人の出頭を求め、その意見を聴くことができます（115の2②、109⑤による115の2の準用）。この参考人制度は、公聴会の開催には、多くの手続きと時間を要することから、国会と同様の制度として、設けられたものです。

◆ 専門的事項に係る調査

議会は、議案の審査又は当該地方公共団体の事務に関する調査のために必要な専門的事項に係る調査を学識経験を有する者等に行わせることができます（100の2）。

これは、第28次地方制度調査会の答申を踏まえ、平成18年に自治法の改正が行われたもので、従来から規定されていた公聴会や参考人制度が意見を聴くことにとどまっていたのに対して、一定の調査を踏まえた学識経験者等の意見を求めることができるものです。

34 議会の自主解散と長による議会の解散

出題パターン　次の文の正誤を判定せよ

Q 自治法に定める手続きにより、長は議会の不信任議決に対して、議会を解散できるほか、議会は自主解散できる。

A 誤り。自主解散は議会解散特例法によります。自治法には議会の自主解散の規定はありません。

1　議会の解散

議会の解散は、議員の任期終了前に、全員の資格を失わせることです。この解散には、図表1のとおり、住民からの直接請求による解散、長による解散、議会の自主解散があります。

2　議会の自主解散とは

議会の自主解散は、議会解散特例法に基づき、議会が自主的に解散するものです。この際は、議員数の4分の3以上が出席し、その5分の4以上の同意を得る特別多数議決が必要です。

図表1　議会の解散の事由

①直接請求による解散の住民投票で、過半数の同意があった場合（78）
②非常の災害の応急若しくは復旧の施設のために必要な経費又は感染症予防のために必要な経費を議会が削除又は減額し再議の結果も同様であったときに、長が当該議決を不信任議決とみなした場合（177③）
③議会の不信任議決に対して、長が議会を解散する場合（178①）
④議会解散特例法に基づき、議会が自主解散する場合

3　長による議会の解散とは

長による解散には、図表1の②非常の災害の応急費用等の必要経費を議会が削除又は減額し再議の結果も同様であったとき、これを不信任議決とみなし、解散する場合（177③）と、③議会の不信任議決に対して議会を解散す

る場合（178①）があります。

　②の災害の応急費用等の必要経費の削除又は減額の場合、長は理由を示して再議に付さなくてはなりません（177①）。この場合の再議は出席議員の過半数が要件ですが、なおも否決されたとき、長はその議決を不信任の議決とみなし、議会を解散できます（同③）（38参照）。

　③の不信任議決には、議員数の3分の2以上が出席し、その4分の3以上の同意が必要です（178③）。議長は不信任議決を長に通知する必要があり、その通知から10日以内に長は議会を解散でき（同①）、解散しなければ長は失職します（同②）。長が議会を解散したあと、初めて招集された議会での不信任議決は3分の2以上の議員の出席が必要ですが、過半数の同意があれば成立し（同③）、この場合は議長の通知があった日に長は失職します（同②）。

図表2　長の不信任のフロー

不信任議決
出席議員：議員数の2/3以上
同意者：出席議員の3/4以上
（178③）

↓

議会の解散
解散できる期間：不信任議決の通知を受けた日から10日以内（178①）

↓

新議会による再度の不信任議決
解散後初めて招集された議会
出席議員：議員数の2/3以上
同意者：出席議員の過半数
（178③）

↓

長の失職
失職する日：不信任議決の通知があった日（178②）

長の失職
失職する日：不信任議決の通知を受けた日から10日を経過した日（178②）

● キーワード深読み　**議会の自主解散**

　議会解散特例法は、昭和40年6月3日に公布、即日施行され、同年6月14日に、同法に基づき、都議会が自主解散しています。これは都議会議員の汚職事件で、リコールに向けた世論が活発化するなか、自治法の規定では自主解散ができないため、同法が制定され、自主解散したものです。
　近年では、平成23年に香川県・東かがわ市で、市長選挙と期日をあわせて、選挙費用を削減するため、同法に基づき解散されています。

35 議会の権限と長の権限

> **出題パターン** 次の文の正誤を判定せよ
>
> **Q** 普通地方公共団体の長の担当する事務・議会の議決事件は、ともに自治法に制限列挙されている。
>
> **A** 誤り。長の担当する事務は概括列挙されているにとどまります。

1 議会の権限とは

議会の権限の１つである議決権の対象は、条例で定めることができるほか（法定受託事務の一部など除外。詳細は13参照）（96②）、条例の制定改廃など15項目が制限列挙されており（同①）、決算の認定などを除き、議決がなければ、法的効果は生じません。

また、議会は、議決権以外にも、選挙権、監視権等、意見表明権、自律権等を有しています（詳細は23参照）。

2 長の権限とは

（1）統轄代表権・管理執行権

地方公共団体の長は、当該普通地方公共団体を統轄し、これを代表する（147）とされ、統轄代表権を有しています。また、長は、事務を管理し、これを執行する（148）とされ、団体の事務について包括的な管理執行権限を有し、法律・政令により他の執行機関の権限とされていない事務については、長が当然にその権限として処理することができます。また、担任事務については、図表のとおり概括列挙されるにとどまります（149）。

（2）その他の権限

こうした権限以外にも次の権限を有しています。

ア 総合調整権

執行機関に関しては、委員会・委員の地位を尊重しつつも、執行機関全体の一体的運営確保の要請から、長のもとに系統的に構成され、かつ相互に調

整されなければなりません。このため、長は所轄権限と総合調整権を有しており、組織、予算、公有財産管理などを通じて、長が委員会・委員を間接的に統括できるようしています（138の3、180の4、221①、238の2）。

イ　規則制定権

普通地方公共団体の長は、条例とは別の自治立法の形式である規則を定めることができ、規則には過料を設けることができます（15）。

ウ　職員の任免権・指揮監督権

長は、副知事・副市町村長等の任免権を有するほか、補助機関である職員の指揮監督権を有しています（154、162ほか）。

エ　事務組織権

長は権限に属する事務を分掌させるため、必要な組織を設けることができ、直近下位の組織等は条例で定める必要があります（155、156、158）。

オ　所管行政庁の処分の取消・停止権

管理に属する行政庁の処分が法令・条例・規則に違反すると認めるときは、処分を取り消し、又は停止することができます（154の2）。

カ　公共的団体等の監督権

区域内の公共的団体等の活動の総合調整のため、これを指揮監督できます（157①）。

図表　長の権限

統轄代表権（147）	
担任事務（149）	①議会への議案提出 ②予算の調製・執行 ③地方税の賦課徴収、分担金・手数料等の徴収など ④決算認定の議会への付議 ⑤会計の監督 ⑥財産の取得・管理・処分 ⑦公の施設の設置・管理・廃止 ⑧証書・公文書類の保管 ⑨その他の事務執行
総合調整権（138の3、180の4、221①、238の2）	
規則制定権（15）	
職員の任免権・指揮監督権（154、162ほか）	
事務組織権（155、156、158）	
所管行政庁の処分の取消・停止権（154の2）	
公共的団体等の監督権（157①）	

36 議長の辞職と長の退職

> **出題パターン** 次の文の正誤を判定せよ
>
> **Q** 議会の開会中でなければ、議長は辞職できず、普通地方公共団体の長は退職できない。
>
> **A** 誤り。長は閉会中でも議長に申し出れば一定期間後に退職できます。

1 辞職と退職

　法令の規定をみると、辞職は、職員がその意により退職すること（人事院規則8−12（職員の任免）4 XI）、退職は、失職の場合及び懲戒免職の場合を除いて、職員が離職すること（同IX）と規定され、後者の、退職の方が広い概念となっています。

　自治法においては、自ら申出を行い、職を離れるといった意味では共通していますが、議長や副議長、議員のように議会に係る場合には辞職、長や副知事・副市町村長、選挙管理委員会委員、監査委員など執行機関に係る場合には退職というかたちで使い分けられています。

2 議長の辞職とは

　議長は議会の許可を得て辞職することができますが、閉会中は辞職できません（108本文）。なお、副議長は、開会中は議会の許可を得て、閉会中は、議長の許可を得れば辞職できます（同ただし書）。

　また、議長及び副議長は議員のなかから1人を選挙しなければならず（103①）、議長及び副議長が、議員の身分を喪失した場合には、職を失うことになります。

3 長の退職とは

（1）長の退職

　都道府県知事の場合は、退職しようとする日前30日まで、市町村長の場合

20日前までに、議長に申し出なければなりませんが（145本文）、議会の同意を得た場合は、期日前に退職できます（同ただし書き）。

また、長の退職後は、新人候補が首長選挙を戦うことが多いですが、近年、民意を問う等の理由で、任期途中で退職し、選挙に臨み、再選する事例があります。この場合の任期は4年でなく、残任期間です（140②、公選法259の2）。

（2）長の身分の喪失

長がその身分を喪失する事由としては図表1のものがあります。

図表1　長の身分喪失理由

①任期の満了（140①）	⑥被選挙権喪失（裁判所の宣告・判決確定以外は選挙管理委員会が決定（143①））
②退職（145）	⑦死亡
③選挙の無効・当選の無効の確定（144）	⑧解職請求に基づく住民投票の結果の過半数同意（83）
④兼職禁止の職への就職（141）	⑨議会による不信任決議（178②）
⑤兼業禁止規定に該当（142）	⑩廃置分合による団体の消滅（7①ほか）

● **キーワード深読み　議員の身分の喪失**

議員が身分を喪失する事由は図表2のとおりです。
また、議員は、開会中は議会の許可を得て、閉会中は、議長の許可を得て辞職することができます（126）。

図表2　議員の身分の喪失事由

①任期の満了（93①）	⑧除名（135①Ⅳ）
②議員の辞職（126）	⑨議員の解職請求に基づく住民投票の結果の過半数の同意（83）
③選挙の無効・当選の無効の確定（128）	⑩議会の解散請求に基づく住民投票の結果の過半数の同意（78）
④兼職禁止の職への就職（92）	⑪長による議会の解散（178①）
⑤兼業禁止規定に該当（92の2）	⑫議会の自主解散（地方公共団体の議会の解散に関する特例法）
⑥被選挙権の喪失（裁判所の宣告・判決の確定以外は議会が決定（127①））	⑬廃置分合による団体の消滅（7①ほか）
⑦死亡	

37 法定代理的専決処分と任意代理的専決処分

> **出題パターン**　次の文の正誤を判定せよ
>
> **Q** 特に緊急を要し、時間的余裕がないとき等に行う法定代理的専決処分も、議決で委任された任意代理的専決処分も、議会の承認が必要である。
>
> **A** 誤り。後者は議会への報告のみで、承認は必要ありません。

1 専決処分の意義

議員と長は住民の直接選挙で選ばれますが、その議員による議会と長が設置されているのは、二元代表制に基づき、独立の立場で相互に牽制し、均衡と調和により、公正・適切かつ円滑な運営を実現するためです。このなかで、議会と長のそれぞれの権限の行使について、相互の調和を図り、抵触を解決するために、不信任等の議会と長の関係に関する規定があり、専決処分もその1つとして位置づけられます。

こうした専決処分には、法定代理的専決処分と、任意代理的専決処分があります。

2 法定代理的専決処分とは

法定代理的専決処分は、議会が議決すべき事件に関して、議決が得られず、法定の要件に該当する場合に長が専決処分するものです。

長は、①議会が成立しないとき、②113条ただし書きの場合においてなお会議を開くことができないとき、③長において議会の議決すべき事件について特に緊急を要するため議会を招集する時間的余裕がないことが明らかであると認めるとき、④議会において議決すべき事件を議決しないときに専決処分を行うことができます（179①本文）。

ただし、副知事、副市町村長、指定都市の総合区長の選任の同意については、その職務の重要性や議会の同意を要する趣旨などを踏まえ、専決処分か

ら除外されています（同①ただし書き）。

　法定代理的専決処分を行った場合には、次の議会で報告し、承認を求める必要がありますが（同③）、承認されなくとも、その効果に影響はありません。しかしながら、条例・予算の承認議案が否決された場合には、速やかに、当該処置に関して必要と認める措置を講ずるとともに、その旨を議会に報告しなければなりません（同④）。これは、長と議会の権限配分の均衡を図ることを目的としたものですが、長に課される義務の内容は、改正条例案の提出、補正予算の提出など、特定の措置に限定されず、長が適切に判断することになります。

　このように、法定代理的専決処分について副知事や副市町村長の選任の同意を除外する規定や、条例改正や予算に係る不承認に対する対応の規定は、長が、議会を開くことなく専決処分を重ねた事例があったことを踏まえ、平成24年の自治法改正により、設けられたものです。

図表　法定代理的専決処分と任意代理的専決処分の比較

	法定代理的専決処分（179）	任意代理的専決処分（180）
要件	議会が成立しないとき 113条ただし書きの場合で、なお会議を開くことができないとき（詳細は26参照） 特に緊急を要し、時間的余裕がないことが明らかなとき 議会が議決すべき事件を議決しないとき	議会の権限に属する軽易な事項で、その議決により特に指定したもの
その後の措置	議会への報告、承認 ※　条例の制定改廃又は予算の承認議案が否決されたときは、速やかに、必要と認める措置を講じ、その旨、報告する	議会への報告

3　任意代理的専決処分とは

　任意代理的専決処分は、議会の権限に属する軽易な事項で、その議決により、特に指定した事項について長が専決処分を行うもので、この場合には議会への報告が必要です（180）。

　この任意代理的専決処分についてはあくまでも軽易な事項に限るのが妥当であり、応訴した事件に係る和解の全てを議決により専決処分とすることは無効であるとの判決もあります。

38 議会の議決に係る長の一般的拒否権と特別的拒否権

出題パターン 次の文の正誤を判定せよ

Q 普通地方公共団体の長は、議会の議決に異議のあるときは、再議に付することができるが、同じ議決の場合、いかなる場合でもそのまま確定する。

A 誤り。法令違反の議決などの場合は審査の申立て等ができます。

1 再議制度の意義

再議制度は、普通地方公共団体の長が、議会の議決に対して異議を有する場合の拒否権として設けられたもので、長と議会との正常な均衡関係を保つことを目的としています。

この拒否権には、再議が長の任意となっている「一般的拒否権」と、必ず長が再議に付さなければならない「特別的拒否権」があります。

2 一般的拒否権とは

再議が長の任意となっている一般的拒否権は、特別多数議決の必要性の有無などにより、図表のとおり、条例の制定改廃、予算、その他の議決に分けることができます。

図表　長の一般的拒否権と特別的拒否権

	事件	根拠	再議	特別多数議決の要件	再議の効果
一般的拒否権	条例の制定改廃・予算	176①～③	任意	出席議員の2/3以上	再議決確定
	その他議決	176①②	任意	不要	再議決確定
特別的拒否権	違法な議決・選挙	176④～⑧	義務	不要	審査申立て・出訴可
	法令負担経費・義務費の削除等	177①Ⅰ②	義務	不要	原案執行権が生じる
	非常災害・感染症予防経費削除等	177①Ⅱ③	義務	不要	不信任の議決とみなすことができる

長は、異議のある条例の制定改廃、予算の議決がなされた場合には送付を受けた日から10日以内、その他の議決は議決の日から10日以内に理由を示してこれを再議に付すことができます（176①）。再議において、再度、長に異議のある議決がなされた場合はそのまま確定します（同②）。

ただし、条例の制定・改廃、予算に関するものについては、出席議員の3分の2以上の特別多数議決が必要となり、この特別多数議決が得られなかった場合、当該議決は確定しません（同③）。

3　特別的拒否権とは

特別的拒否権には、違法な議決・選挙（176④）、法令負担経費・義務費の削除等（177①Ⅰ）、非常災害・感染症予防経費削除等（同①Ⅱ）があり、長は再議に付さなくてはなりません。この特別的拒否権の場合、特別多数議決は不要となっています。また、その再議により確定したときの効果はそれぞれ異なります（同②③）。

違法な議決や選挙の場合には、市町村長（知事）は知事（総務大臣）に対し、当該議決又は選挙があった日から21日以内に、審査を申し立てることができ、知事（総務大臣）はその議決又は選挙を取り消す裁定をすることができます（176⑤⑥）。市町村長（知事）は、その裁定に不服があるときは60日以内に出訴することができます（同⑦）。このうち、議会の議決・選挙の取消しを求めるものは議会を被告として提起しなくてはなりません（同⑧）。

法令負担経費・義務費の削除等で、再議でも同様であった場合、長は、その経費及びこれに伴う収入を予算に計上して支出することができ（177②）、原案執行権が認められます。

さらに、非常災害・感染症予防経費削除等で、再議でも同様であった場合、長は、再度の議決を不信任議決とみなすことができ（同③）、不信任とみなした場合には議会を解散できます。

39 総計予算主義と予算単一主義

出題パターン 次の文の正誤を判定せよ

Q 総計予算主義の例外は一時借入金などいくつかあるが、予算単一主義の例外は特別会計を設けることのみである。

A 誤り。予算単一主義の例外には特別会計と補正予算があります。

1 予算の原則

地方公共団体の予算の原則として、図表のとおり、①会計年度独立の原則、②総計予算主義の原則、③予算単一主義の原則、④予算公開の原則、⑤予算事前議決の原則を挙げることができます。

図表　予算の原則

原則	内容	例外
①会計年度独立の原則（208②）	各会計年度の歳出は、その年度の歳入をもって充てるとするもの	①継続費の逓次繰越し（212、令145①）、②繰越明許費（213）、③事故繰越（220③ただし書き）、④過年度収入及び過年度支出（令160、令165の8）、⑤歳計剰余金の繰越し（233の2）、⑥翌年度歳入の繰上充用（令166の2）など
②総計予算主義の原則（210）	一会計年度における一切の収入及び支出は、全て歳入歳出予算に編入しなければならないとするもの	①一時借入金（235の3）、②歳計剰余金の基金への編入（233の2ただし書き）、③基金の繰替運用など
③予算単一主義の原則	財政状況の全体像が容易に把握できるよう単一であること	①特別会計（209②）、②補正予算（218①）
④予算公開の原則（219②、243の3①）	予算の要領や執行状況を公表しなければならないとするもの	
⑤予算事前議決の原則（211①前段）	会計年度の開始前に、議会の議決を経なければならないとするもの	①予算の専決処分（179）、②予備費（217）、③流用（220②ただし書き）

こうした原則には、多くの例外規定が定められています。例えば、会計年

度独立といっても、ＰＦＩ（民間資金等活用）事業などの場合、複数年にわたる支出があることから、債務負担行為が認められています。

❷　総計予算主義とは

総計予算主義は、一会計年度における一切の収入及び支出は、全てこれを歳入歳出予算に編入しなければならない（210）とするものです。

この例外として、①一時借入金、②歳計剰余金の基金への編入、③基金の繰替運用などがあります。①一時借入金は、既定歳出予算内の支出現金の不足を補うために、一時的に調達される資金で、その借入れの最高額は、予算で定めなければならず（235の３①②）、また、その会計年度の歳入をもって償還しなければなりません（同③）。

②歳計剰余金の基金への編入は、条例の定めるところにより、又は普通地方公共団体の議会の議決により、剰余金の全部又は一部を翌年度に繰り越さないで基金に編入できる（233の２ただし書き）ものです。さらに、剰余金の２分の１を下らない金額については積立て等を行う必要があります（地財法７）。

また、③基金の繰替運用は、基金や他の会計から歳計外現金として借入を行うもので、年度内に戻す資金繰りの一環として行われるものです。

❸　予算単一主義とは

予算単一主義は、当該地方公共団体の財政状況の全体像が容易に把握できるよう単一であることをいいます。しかしながら、地方公共団体の複雑な事務を単一の会計で処理することは困難であるので、特別会計を設けることができるほか、補正予算を調製し、議会に提出できます（218①）。

特別会計は、①地方公共団体が特定の事業を行う場合（地方公営企業など）、②特定の歳入をもって特定の歳出に充て、一般の歳入歳出と区分し経理する必要がある場合（特定の歳入を財源とする貸付事業など）に条例で設置することができます（209②）。なお、公営企業には特別会計の設置が義務付けられており（地公企法17）、あらためて条例で設置する必要はありません。特別会計の設置の条例は、○○市特別会計設置条例といった一括条例方式も、○○市介護保険特別会計設置条例など個別条例方式も両方可能です。

40 予算事前議決の原則と予算公開の原則

> **出題パターン**　次の文の正誤を判定せよ
>
> **Q** 予算事前議決の原則に基づき、公開された議会の議決を経れば、予算公開の原則に基づく要件を満たし、長は特段その公表などを行う義務はない。
>
> **A** 誤り。予算公開の原則に基づき、要領を公開する必要があります。

1　予算編成の流れ

予算編成の大きな流れは、調製、議会への提出、成立、公表に分けられます。

（1）予算の調製

通常、地方公共団体では、年度後半になると、財政担当部局から予算編成方針などが出され、それに基づき、事業担当課が予算要求を行い、年末・年始にかけて原案が作成され、長の査定などを経て、議会に提出されます。

こうした予算調製は長の権限に属し（149Ⅱ、211①前段など）、全て長が調製しますが、公営企業の予算の場合、管理者が作成した原案に基づく必要があるほか（公企法24）、教育委員会の意見を聴かなければなりません（地教法29）。

図表　予算の流れ

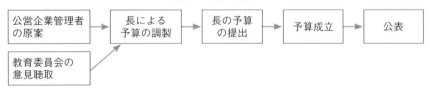

（2）予算の議会への提出

予算の提出権限は長に専属し（97②ただし書、112①ただし書）、委員会・

委員、公営企業管理者は提出できません。提出時期は都道府県・指定都市は年度開始前30日まで、その他の市及び町村は20日前までです（211①後段）。

（3）予算の成立

予算の議決があったとき、議長は、その日から3日以内に長に送付しなければなりません（219①）。

2　予算事前議決の原則とは

予算事前議決の原則は、年度の開始前に、議会で予算の議決を経なければならないとするものです（211①前段）。予算の議会への提出権は長に専属しており、議会は、長の予算の提出権を侵さない限りにおいて、これを増額して議決することができますが（97②本文）、減額修正にこうした制限はありません。また、予算に変更を加える必要があるときは、長は補正予算を議会に提出することができます（218①）。

こうした予算事前議決の例外として予算の専決処分（179）、予備費（217）、流用（220②ただし書き）等があります。このうち、予備費については、特別会計では計上しないことができます（217①ただし書き）。

3　予算公開の原則とは

長は、予算の議決を経て、議長から送付を受けた場合、その要領を直ちに住民に公表しなければなりません（219②）。また、長は、条例に基づき、毎年2回以上、歳入歳出予算の執行状況・財産、地方債及び一時借入金の現在高などの財政状況を住民に公表しなければなりません（243の3①）。こうした住民への公表は予算公開の原則に基づくものです。

また、決算についても、議会の認定に付したうえで、その要領を住民に公表する必要があります（233⑥）。

> ● 関連キーワード　**会計年度独立の原則**
>
> 　普通地方公共団体の会計年度は、毎年4月1日に始まり、翌年3月31日に終わる（208①）ことになっています。この各会計年度における歳出は、その年度の歳入をもって、これに充てなければならない（同②）とするのが会計年度独立の原則です。この例外に継続費の逓次繰越し（212、令145①）、繰越明許費（213）、事故繰越し（220③ただし書き）、過年度収入・過年度支出（令160、令165の8）、歳計余剰金の繰越し（233の2）、翌年度歳入の繰上充用（令166の2）などがあります（詳細は43参照）。

41 一般会計と特別会計

出題パターン 次の文の正誤を判定せよ

Q 地方公共団体の会計、公営企業会計ともに、一般会計、特別会計を設けることができる。

A 誤り。公営企業会計は事業ごとに特別会計を設ける必要があります。

1 普通地方公共団体の会計

普通地方公共団体の会計は、一覧してその全体が把握できることが望ましい（単一予算主義の原則）ですが、場合によって、区分して経理する必要があることから、図表のように一般会計と特別会計に分類されています。

図表　普通地方公共団体の会計の区分

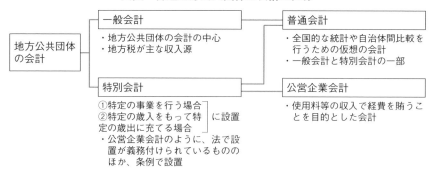

（1）一般会計

一般会計は、地方公共団体の会計の中心であり、地方税などを主な歳入として、教育、福祉、土木、消防などの歳出に充てられる会計です。

公営企業会計と異なり、歳出予算は支出する権限を長に付与し、その内容を拘束します。一方、歳入予算は見積もりにすぎず、法令等に従って徴収されます。また、現金主義が採用されている点が発生主義を基本とする公営企業会計と異なります。

（2）特別会計

特別会計は、①特定の事業を行う場合（地方公営企業会計など）、②特定の歳入をもって特定の歳出に充てる場合（特定の歳入を財源とする貸付事業など）に条例で設置できます（209②）。なお、地公企法の適用のあるものなど、法律で義務付けられる場合は、改めて条例で定める必要はありません。

（3）公営企業会計

公営企業会計は、特別会計の１つで、事業ごとに会計を設ける必要があります（地公企法17）。予算の原案の作成は公営企業管理者が行いますが、長が調製し、議会へ提出します（同９Ⅲ、24）。

地方公営企業の会計は弾力的な運用が可能であり、支出の拘束が弱く、業務量の増加によって収入に相当する金額を必要な経費に充当できます。また、発生主義が採用されています。

（4）普通会計

競輪などの特別会計や、バスや地下鉄などの交通等の公営企業を持たない団体があり、地方公共団体間での比較は困難です。このため、全国的な統計（決算統計）として、普通地方公共団体間の比較が可能となるように設けられているのが普通会計です。普通会計には一般会計と特別会計の一部を含みます。

2　予算の内容と調製

予算の内訳は次のとおりです（215）。
①歳入歳出予算（216）
②継続費（212）
③繰越明許費（213）
④債務負担行為（214）
⑤地方債（230）
⑥一時借入金（235の３）
⑦歳出予算の各項の経費の金額の流用（220②ただし書き）

また、予算事前議決の原則により、長は毎会計年度予算を調製し、年度開始前に、議会の議決を経なければなりません（211①前段）。また、年度開始前に議決を得るため、議会への提出は、都道府県・指定都市は年度開始前30日まで、その他の市及び町村は20日前までとなっています（同①後段）。

42 補正予算と暫定予算

> **出題パターン** 次の文の正誤を判定せよ
>
> **Q** 補正予算は、当初予算の成立の見込みがない場合などに成立までの一定期間を対象に、暫定予算は、当初予算の調製後に生じた事由に基づいて、それぞれ調製する。
>
> **A** 誤り。補正予算と暫定予算の説明が逆です。

1 補正予算、当初予算とは

補正予算は、普通地方公共団体の長が当初予算の調製後に生じた事由に基づいて、既定の予算に追加その他の変更を加える必要が生じたときに調製するものです（218①）。

補正予算に対するものが、当初予算です。当初予算は、一会計年度を通じて、一切の歳入及び歳出を計上し、毎年度、会計年度開始前に議決すべき予算のことです（211①前段）。自治法では、通常予算という用語が用いられていますが（233③）、実際には当初予算と呼ばれることが多く、「予算」という場合はこの当初予算を指すことが一般的です。

2 暫定予算とは

普通地方公共団体の会計年度は、毎年4月1日に始まり、翌年3月31日に終わる（208①）とされ、会計年度開始の一定期間前に予算を議会に提出し、年度内に議決を得て、成立させないと、支出又は債務負担行為等を行うことができません。この予算の議決が得られない場合に、暫定的に調整するのが暫定予算です。

普通地方公共団体の長は、必要に応じて、一会計年度のうちの一定期間に係る暫定予算を調製し、これを議会に提出することができます（218②）。

この暫定予算は、あくまでも、当該会計年度の予算が成立するまでの暫定的なものであり、当初予算の成立をもって効力を失いますが、その暫定予算

に基づく支出又は債務の負担がすでになされているときは、その支出又は債務の負担は、当該会計年度の予算に基づく支出又は債務の負担とみなされます（同③）。

暫定予算と対比されるのが会計年度開始前に議決すべき本予算（又は当初予算）です。

● 関連キーワード　**骨格予算**

骨格予算は、自治法上の用語ではなく、慣行として調製が行われるものです。

一般的に会計年度の開始間もない４月の統一地方選挙で長の選挙が行われる場合などに、政策的な経費を除いた最小限の予算を調製し、議決を得るものをいいます。

義務的経費などは含まれているものの、長の選挙公約等を踏まえた政策的経費が除かれているため、暫定予算と異なり、当初予算としてではなく、選挙後の議会で長の意向を踏まえた補正予算（肉付け予算などともいわれます。）が提出されます。

この補正予算を踏まえ、政策的経費を含んだ形での予算の総体を本格予算といったりします。

骨格予算も含め、予算の概念を図表で再確認しましょう。

図表　予算の概念比較

当初予算 （211① 前段）	会計年度開始前に議決すべき予算	⇔	補正予算 （218①）	当初予算の調製後に生じた事由に基づいて、既定の予算に変更を加えるもの
本予算 （211① 前段）	当初予算のこと	⇔	暫定予算 （218②）	当初予算の成立の見込みがない場合などに一定期間を対象に調製する予算
本格予算	骨格予算に補正予算を加え、政策的経費等も盛り込んだ予算		骨格予算	義務的経費など、最小限の経費を盛り込んだ予算
一般会計予算 （209①）	地方公共団体の会計の中心で、地方税などを主な歳入として、教育、福祉、土木などの歳出に充てる会計の予算	⇔	特別会計予算 （209②）	特定の歳入をもって特定の歳出に充てる場合など、一般の歳入歳出と区分して経理する必要がある場合に設ける会計の予算

43 継続費と債務負担行為

出題パターン 次の文の正誤を判定せよ

Q 継続費は水道料金のように継続的な支出であり、債務負担行為は将来にわたる債務を負担する行為である。

A 誤り。継続費は履行に数年度を要する事業の総額等を決めておくものです。

1 会計年度独立の原則と例外規定

会計年度は、収入・支出等を区分して、会計経理を明確にするために、設けられた一定の期間のことであり、会計年度独立の原則は、一会計年度の歳出は当該年度の歳入をもって充てることをいいます（208②）。

この会計年度独立の原則が設けられることで、健全な財政運営が期待されますが、厳格な運用を行った場合には逆に計画的な運用が困難となることも想定されることから、①継続費の逓次繰越し（212、令145①）、②繰越明許費（213）、③事故繰越し（220③ただし書き）、④過年度収入及び過年度支出（令160、令165の8）、⑤歳計剰余金の繰越し（233の2）、⑥翌年度歳入の繰上充用（令166の2）などの例外が定められています。

2 継続費とは

継続費は、履行に数年度を要するものについて、経費の総額及び年割額を定め、数年度にわたって支出できるものです（212）。なお、各年度の支出は改めて歳出予算に計上する必要があります。

例えば、大規模な建設事業などで、その工事期間が2会計年度（2か年）以上にわたることが確実な場合に用いられています。

この継続費の場合、会計年度独立の原則（208②）の例外規定の1つとして、年度ごとの予算について、何らかの事情でその年度内に支出を終了することができない場合、特別に、翌年度以降に繰り越して使用することができます。これを「継続費の逓次繰越し」といいます（令145①）。

繰越明許費と異なり、事業の実施期間内であれば、最終年度まで何年でも繰り越すことができます。

3 債務負担行為とは

債務負担行為は、通常の歳出予算、継続費、繰越明許費などのほかに、将来、地方公共団体が経費を負担すべきものについて、あらかじめその内容を定めておくものです（214）。なお、将来にわたる債務を負担する行為であることから、毎年度の支出については、予算に計上する必要があります。

例えば、公の施設への指定管理者制度の導入やＰＦＩ（民間資金等活用）事業のように、翌年度以降の支払分を含めた複数年度にわたる１つの契約を締結する場合、債務負担行為の手続きが必要となります。

なお、継続費と債務負担行為は類似している点も多く、建設事業であっても、継続費は用いず、債務負担行為で対応している団体もあります。

> **関連キーワード　会計年度独立の原則の例外**
>
> 　会計年度独立の原則の例外としては、次のとおり繰越明許費、事故繰越しがあります。また、関連するものに長期継続契約があります。
>
> ◆ **繰越明許費**
>
> 　繰越明許費は、年度内に支出が終わらない見込みの経費について、予算として議会の議決を得て、翌年度１年間に限り繰り越して使用するものをいいます。この繰越明許費は、あらかじめ予算で定める必要があります（213）。
>
> 　この場合、この歳出に関わる歳入の財源も繰り越さなくてはなりません（令146①）。
>
> ◆ **事故繰越し**
>
> 　事故繰越しは、避けがたい事故のため年度内に支出が終わらなかったものについて、繰越明許費と異なり、予算で定めることなく、長が翌年度に繰り越して執行できるものです（220③ただし書き）。
>
> ◆ **長期継続契約**
>
> 　長期継続契約は、電気、ガス、水道などの契約について、債務負担行為の設定を行うことなく、契約を締結できるものです。この長期継続契約に該当する場合は、各年度の予算の範囲内で支出することになります（234の3）。
>
> 　出題パターンのＱの継続費の説明としたものは正しくは長期継続契約にあたります。なお、電気については電力自由化の影響もあり地方公共団体では電力入札が行われており、平成28年４月から全面自由化され、今後変化していくことも考えられます。

44 寄附と補助

> **出題パターン**　次の文の正誤を判定せよ
>
> **Q** 自治法上、地方公共団体は、公益上の必要がある場合にのみ補助を行うことができるが、寄附にはそうした制限はない。
>
> **A** 誤り。寄附、補助ともに、公益上の必要がなければ、できません。

1 寄附、補助とは

寄附・補助はともに贈与の形態ですが、前者は反対給付を受けることなく、受益者のために、金銭等を供与することなのに対し、後者は特定の事業を促進・助成するために、相当の反対給付を受けることなく、金銭等を交付することです。

普通地方公共団体は、その公益上必要がある場合においては、寄附又は補助をすることができ（232の2）、地方公共団体では、補助金交付規則などで手続きを定め、規則に基づき個々の補助金交付要綱で対象などを定め、補助金の支出を行っています。

一方、地方公共団体が負担付きの寄附又は贈与を受ける場合には、議決が必要となります（96①Ⅸ）。

2 公益上の必要

寄附又は補助の要件を公益上の必要がある場合に限定しているのは、反対給付を求めない財政的援助である寄附又は補助に係る支出が無制限に拡大しないような財政運営の秩序を維持するとともに、全体の住民の負担になる寄附又は補助を、特定の住民でなく、全体の利益としていく必要があるためです。

また、公金は、宗教上の組織若しくは団体の使用、便益若しくは維持のため、又は公の支配に属しない慈善、教育若しくは博愛の事業に対し、これを支出してはならず（憲89）、地鎮祭への公金の支出などが裁判で争われた事

例（津市地鎮祭事件）もあります。

このような制約はありますが、公益上の必要がどこまで認められるかについて、長、そして議会は広範な裁量を有しており、判例でも、その裁量の逸脱等がなければ適法とされています。

❸ 地方公共団体の補助金の法的性質

国の地方公共団体に対する補助金等については、「補助金等に係る予算の執行の適正化に関する法律」に基づく行政処分とされています。このため、補助金の交付に不服がある場合は同法に基づく不服の申出などが可能です。なお、地方公共団体以外は行政不服審査法の規定によります。

一方、地方公共団体の場合、一般的には「負担付贈与契約」とされており、一定の条件（負担）を守った場合に、一定の金額を補助するという私法上の贈与契約を、対等な関係で締結したということになり、行政不服審査法が規定する処分性は認められません。

関連キーワード　負担付寄附又は贈与、損失補償契約

◆ **負担付きの寄附又は贈与**

負担付きの寄附又は贈与は、地方公共団体が住民等に寄附・贈与をするのではなく、住民等から地方公共団体が寄附・贈与を受ける場合に用いられるものです。

普通地方公共団体が「負担付きの寄附又は贈与を受ける」ときは、議会の議決が必要です（96①Ⅸ）。具体的には、寄附又は贈与の契約に付された条件そのものに基づいて、地方公共団体が法的な義務を負い、その義務不履行の場合には、当該寄附が解除される等、負担（条件）が寄附の効果に影響を与えるものとされます。

◆ **損失補償契約**

地方公共団体の出資する法人などが銀行から借入れを行う場合に、その損失補償契約を締結しているケースがみられます。

こうした損失補償契約については、さまざまな判例が積み重ねられてきており、また、総務大臣が指定する法人以外に、地方公共団体が保証契約をすることができない（法人に対する政府の財政援助の制限に関する法律3）とする規定の対象でなく、損失補償契約は可能と解されています。

しかしながら、寄附や補助と同様に財政運営の秩序を守るうえで、限定的に運用していく必要があると考えられます。

45 地方債と一時借入金

> **出題パターン** 次の文の正誤を判定せよ
>
> **Q** 地方債の発行、一時借入金の実施には、総務大臣・都道府県知事との協議が必要である。
>
> **A** 誤り。一時借入金は不要ですが、地方債は協議・届出(許可)が必要です。

1 地方公共団体の収入

収入は、さまざまな経費に充てるための財源となるべき現金(現金に代えて納付される証券を含む。)を収納することをいいます。

自治法は、図表のとおり、地方税、分担金、使用料、加入金、手数料、地方債について規定しており、そのほかに、地方交付税、地方譲与税、負担金、国庫支出金などがあります。

図表 地方公共団体の収入

項目	内容
地方税(223)	課税権に基づき強制的に徴収する金銭。法の根拠要
分担金(224、228①前段)	地方公共団体の施策に関して、利益を受ける者からその受益の限度において徴収するもの。条例の根拠要
使用料(225、228①前段)	公の施設の利用等の対価として徴収するもの。条例の根拠要
加入金(226、228①前段)	旧慣による公有財産(山林、ため池等)の使用の許可を受けた者から徴収。条例の根拠要
手数料(227、228①前段)	特定の者のために行うサービスに要する費用に充てるために支払われるもの。条例の根拠要
地方債(230)	資金調達のための債務で、その返済が一会計年度を超えて行われるもの
その他	地方交付税、地方譲与税、負担金、国庫支出金、都道府県支出金、交通安全対策特別交付金など

2 地方債とは

地方債は、普通地方公共団体が、別に法律で定める場合において、予算の

定めるところにより起こすことができ、予算ではその目的、限度額、方法、利率及び償還の方法を定めます（230）。

　こうした地方債は、資金調達のために発行するもので、その債務の返済が一会計年度を超えるものをいい、地方公共団体の歳出は、地方債以外の歳入をもって、その財源とする（地財法5）ことが基本です。しかしながら、道路、公共施設といった建設事業に要する投資的経費は、その恩恵が長期に及ぶことから、地方債を発行し、その恩恵を得る後の世代の人々にも当該償還に係る費用を負担してもらうことが本来の意味です。

　このため、地方債は、①公営企業に要する経費、②出資金・貸付金、③地方債の借換えの経費、④災害応急事業費、災害復旧事業費、災害救助事業費、⑤公共施設・公用施設の建設事業費や土地の購入費の財源として、発行することが基本となります（地財法5ただし書き）。

　しかしながら、近年、こうした建設事業など以外の歳出に充てることのできる地方債が増えています。例えば、行革効果に応じて発行できる行政改革推進債、地方交付税の代替として発行が認められる臨時財政対策債など、財源対策としての側面を持つ地方債があります。

　また、これまで地方債の発行には、大臣（又は知事）の許可が必要でしたが、平成12年の地方分権一括法により、平成18年度から協議制（同意が必要で、同意を得ない場合、議会への報告が必要。）に移行しています（地財法5の3①⑩）。また、平成23年8月の第2次一括法により、一定の団体（協議不要対象団体）が行う公的資金以外の資金に係る起債は事前届出となり、協議不要となりました（同③）。なお、財政状況が悪い団体などは、依然として大臣（又は知事）の許可が必要です（地財法5の4①）。

❸　一時借入金とは

　一時借入金は、歳出予算内の支出現金の不足を補うために一時的に調達される資金で、その最高額は予算で定めなければなりません（235の3①②）。

　また、一時借入金は収入ではなく、単年度の資金の借入であり、当該会計年度の歳入をもって償還しなければなりません（同③）。

46 使用料と手数料

> **出題パターン** 次の文の正誤を判定せよ
>
> **Q** 使用料は特定の者のためにする事務につき、徴収するもので、手数料は使用又は利用の対価として徴収する。
>
> **A** 誤り。使用料と手数料の記述が逆です。

1 使用料等の意義

　地方公共団体は、経費を賄うために、課税権に基づき住民等から地方税を徴収するほか、サービスの対価として、使用料や手数料、分担金等を徴収することができ、公共が果たすべき役割を勘案しながら、どこまで受益者に負担を求めるか検討する必要があります。

　こうした対価である分担金、使用料、加入金及び手数料に関する事項については条例で定める必要があります（228①前段）。また、条例で、詐欺などの不正行為により、その徴収を免れた者に対して過料を科すことを規定できます（同②③）。

　使用料等の徴収に関する処分の審査請求は、長に対して行います（229①）。審査請求があったときは、長は議会に諮問し、決定しなければならず、その際、議会は20日以内に意見を述べなければなりません（同②③）。この裁決等を経なければ裁判所に出訴することはできません（同④）。

2 使用料とは

　使用料は、使用又は利用の対価として徴収するものです（225、226）。使用料には、①行政財産の目的外使用（238の4⑦）、②公の施設の利用に関するもの（225、244、244の2①）、③旧慣の公有財産の使用に関するもの（226、238の6）、④地方公営企業の利用につき徴収される料金（地公企法21）などがあります。

　①には、行政財産である庁舎における自動販売機や売店の設置などの目的

外使用の対価として徴収されるものがあります。

また、②には、公民館などの利用の対価として徴収されるもの、④には水道料金などがあります。

3 手数料とは

手数料は、特定の者のためにする事務につき、徴収するものです（227）。このうち、全国的に統一して定めることが特に必要なもの（戸籍に係る証明など）については政令で定める金額の手数料を標準として条例で定めなければなりません（228①後段）。その手数料の標準金額は、具体的には「地方公共団体の手数料の標準に関する政令」に規定されています。

● **関連キーワード　地方公共団体のサービス等の対価**

　サービスの対価として徴収するものには、使用料、手数料以外に次のものがあります。

◆ **分担金**

　分担金は、地方公共団体の一部に対し利益のある事件に関し、その必要な費用に充てるため、当該事件により特に利益を受ける者から、その受益の限度において徴収するものです（224）。

　具体的な事業として、防疫、防風、防火、防水、防潮等の措置あるいは農道、用排水路、ため池等の農業土木事業などは一定の地域が利益を受ける場合が該当しますが、学校教育のように一般的受益の性質を有するものについては分担金を徴収できません。

◆ **加入金**

　加入金は、旧慣による公有財産（ため池、山林等）の使用が認められている場合で、新たに使用の許可を受けた者から徴収するものです（226、238の6②）。

47 一般競争入札と指名競争入札

出題パターン 次の文の正誤を判定せよ

Q 指名競争入札は、一般競争入札に付し、入札者がないとき又は再度の入札に付し落札者がないときにできる。

A 誤り。指名競争入札は政令で定めるときに限ってできます。

1 地方公共団体の契約の締結方法

地方公共団体の売買、貸借、請負などの契約は、図表のとおり、一般競争入札、指名競争入札、随意契約、せり売りの方法で締結します（234①）。

図表　入札の方法

手　法	内　容
一般競争入札	不特定多数の者に参加させ、最も有利な価格をもって申し込んだ者と契約を締結する入札方法（234③本文、令167の4～167の10の2）
指名競争入札	実績、従業員の数、資本の額など参加の要件を定め、適当であると認める特定の者を指名した上で競争入札させ、最も有利な価格を提供する者との間に契約を締結する入札方法（234③本文、令167、令167の11～13）
随意契約	競争入札の方法によらないで任意に特定の相手方を選択し契約を締結する方法（令167の2）
せり売り	口頭で価格競争をするもの。動産の売払いのみ可（令167の3）

2 一般競争入札とは

一般競争入札は、契約の相手方となる者の選定のための手続きに不特定多数の者が参加することを認め、それらの者のうち、契約の目的に応じ、原則として最も有利な価格をもって申込をした者を契約の相手方とする方法（234③本文）で、「公正の確保」と「均等な機会の保障」に配慮したものです。

3 指名競争入札とは

指名競争入札は、政令で定められた条件に合致する場合に地方公共団体が、参加する者に必要な資格として、あらかじめ契約の種類及び金額に応じ、工事、製造、販売等の実績、従業員の数、資本の額等の要件とする資格を定め（令167の11②）、当該資格を有する者のうちから適当であると認める特定の者を指名したうえで（令167の12①）、入札の方法により競争させて、契約の相手方を決定する方法です。

政令に定められた、①契約の性質・目的が一般競争入札に適しないとき、②入札参加者の数が一般競争入札に付する必要がないほど少数であるとき、③一般競争入札に付することが不利と認められるときに行うことができます（令167）。

4 一般競争入札・指名競争入札の落札者の決定

通常、有利な価格を示した者を落札者としますが、その例外として、①最低の価格で入札した者と契約の履行がなされないおそれがあると認めるときに他の者を落札者とする低入札価格調査制度（令167の10①）、②あらかじめ最低制限価格を設けて、同価格以上の価格をもって申込をした者のうち、最低の価格をもって申込をした者を落札者とする最低制限価格制度（令167の10②）、③価格その他の条件が有利な者を落札者とする総合評価競争入札制度（令167の10の2）があります（指名競争は令167の13で一般競争入札の規定を準用）。

● 関連キーワード　随意契約、せり売り

◆ **随意契約**

随意契約は、競争の方式によらないで、任意の相手方を選択して契約を締結する方法で、①予定価格が規則で定める額を超えないとき、②契約の性質・目的が競争入札に適しないとき、③緊急の必要により競争入札に付することができないとき、④競争入札に付することが不利と認められるとき（令167の2①）などにできます。

契約に関わる手続きが簡素で経費が少なくて済む反面、適正な価格の形成や公平の確保という面での問題も生じやすく、課題も多いです。

◆ **せり売り**

せり売りは、買受人が口頭により価格の競争を行うもので、動産の売払いのみに認められます（234②、令167の3）。

48 公有財産と物品

> **出題パターン** 次の文の正誤を判定せよ
>
> **Q** 公有財産である不動産の従物は、物品に該当する。
>
> **A** 誤り。不動産は公有財産に分類され、その従物も同様に公有財産となります。

1 普通地方公共団体の財産区分の概要

普通地方公共団体の財務では歳入、歳出の適切な管理とともに、保有する財産を適切に管理することが重要です

こうした普通地方公共団体の財産は、図表1のとおり、公有財産、物品及び債権、基金の4つに分類されます（237①）。そして公有財産は、地方公共団体において公用・公共用に供し、又は供することを決定した行政財産、行政財産以外の普通財産に分類されます（238③④）。

図表1　財産の区分

```
財産 ─┬─ 公有財産 ─┬─ 行政財産 ─┬─ 公用財産
      │             │             └─ 公共用財産
      │             └─ 普通財産
      ├─ 物品
      ├─ 債権
      └─ 基金
```

2 公有財産とは

財産のうちでも代表的なものとされる公有財産には①不動産、②船舶、浮

標、浮桟橋及び浮ドック並びに航空機、③①②の従物など、図表２の８つが該当します（238①）。③のとおり、不動産の従物も公有財産として分類されます。

3 物品とは

物品は①所有に属する動産（現金、公有財産、基金除く。）、②使用のために保管する動産をいいます（239①）。地方公共団体が所有する物品は、使用用途に応じて、備品や消耗品などに分類されることが多いです。また、物品の出納等は、会計管理者が行います（170②Ⅳ）。その他の財産である債権、基金は図表２及び関連キーワードのとおりです。

図表２　財産区分とその内容

公有財産 （238①）	①不動産 ②船舶、浮標、浮桟橋及び浮ドック並びに航空機 ③①②の従物 ④地上権、地役権、鉱業権その他これらに準ずる権利 ⑤特許権、著作権、商標権、実用新案権その他これらに準ずる権利 ⑥株式、社債、地方債及び国債その他これらに準ずる権利 ⑦出資による権利 ⑧財産の信託の受益権
物品（239①）	①所有に属する動産（現金、公有財産、基金除く） ②使用のために保管する動産
債権（240①）	金銭の給付を目的とする権利
基金（241①）	条例の定めるところにより、 ①特定の目的のために財産を維持し、資金を積み立てるもの ②定額の資金を運用するもの

● 関連キーワード　債権、基金

◆ **債権**
　金銭の給付を目的とする地方公共団体の権利をいい（240①）、この概念には、地方税、分担金、使用料等の金銭の給付の根拠となる権利を含みます。

◆ **基金**
　条例の定めるところにより、図表２のとおり、①特定の目的のために財産を維持し、資金を積み立てるもの、②定額の資金を運用するものの２種類の基金を設置することができ（241①）、条例の定める特定の目的に応じ、確実かつ効率的に運用しなくてはなりません（同②）。

49 行政財産と普通財産

> **出題パターン**　次の文の正誤を判定せよ
>
> **Q** 行政財産、普通財産は、貸付け、交換等の対象とすることはできない。
>
> **A** 誤り。普通財産は貸付け等が可能です。行政財産も目的を妨げない範囲で使用許可とともに、貸付け等を行うことができます。

1　行政財産とは

（1）行政財産の定義

公有財産のうち行政財産は、地方公共団体において公用・公共用に供し、又は供することを決定した財産をいいます（238④）（48参照）。公用財産は、地方公共団体が直接に公務に使用する財産で、庁舎などが該当します。一方、公共用財産は、住民の使用・利用に供する財産で、公民館、図書館などが該当します。

（2）行政財産の貸付け等

行政財産は、公用・公共用に供するものであるため、原則として貸し付け、交換し、売り払い、譲与し、出資の目的とし、若しくは信託し、又はこれに私権を設定することはできず（238の4①）、違反行為は無効です（同⑥）。

しかし、行政財産でも、その用途・目的を妨げない限度において、例外的にその使用を許可すること（目的外使用許可）ができ（同⑦）、その場合、借地借家法の適用はありません（同⑧）。また、公用・公共用に供する必要が生じた場合は許可を取り消すことができます（同⑨）。

さらに、行政財産であっても、その用途・目的を妨げない範囲において貸し付けることができます（同②③）。貸付けを行った場合でも公用・公共用に供する必要が生じた場合、契約を解除することができますが、その場合、損失の補償を求めることができます（同⑤による238の5④⑤の準用）。

2 普通財産とは

(1) 普通財産の定義
　普通財産は、行政財産以外の公有財産をいいます（238④）。

(2) 普通財産の貸付け等
　普通財産は、行政目的に使用されるものでなく、その経済的価値を保全・発揮することにより、間接的に地方公共団体の行政目的に資するために管理され、又は処分されるものであることから、これを貸し付け、交換し、売り払い、譲与し、出資の目的とし、又はこれに私権を設定することができます（238の5①）。

　普通財産を貸し付けた場合、公用・公共用に供する必要が生じたときは契約を解除でき（同④）、その場合、借受人は損害の補償を求めることができます（同⑤）。貸付け以外の場合も同様です（同⑦）。

　また、一定の用途・その用途に供しなければならない期日を指定して貸し付けた場合で、借受人が用途に供しないときなどは、長は契約を解除することができます（同⑥）。

(3) 普通財産の信託
　普通財産である土地は、政令で定める目的である場合に限り、議会の議決を経て、当該地方公共団体を受益者として信託できます（96①Ⅶ、238の5②）。

　また、公用・公共用に供する必要が生じた場合、信託契約を解除することができます（同⑧）。

● キーワード深読み　**公共施設等総合管理計画**

　現在、公共施設等の老朽化対策が大きな課題となっていますが、厳しい財政状況が続き、全ての保有施設への適切な対応が困難である一方、今後の人口減少等により、その利用需要の変化が予想されています。

　このため、地方公共団体には、施設等の全体状況を把握し、長期的な視点で、更新・統廃合・長寿命化などを計画的に行うことで、財政負担を軽減・平準化するとともに、最適な配置を実現することが求められています。

　こうしたなか、総務大臣の要請に基づき、公共施設等総合管理計画の策定が進められており、住民の理解を得ながら、人口減少にあわせた施設の最適化を進め、財政負担を軽減していく必要があります。

　なお、公共施設等総合管理計画に基づき、公共施設の集約化や複合化等を行う場合には、「公共施設最適化事業債」の発行が認められます。

50 公の施設の指定管理者制度と管理委託制度

出題パターン 次の文の正誤を判定せよ

Q 公の施設の管理に民間活力を導入する手法は指定管理者制度のみであり、従来あった管理委託制度は廃止されたことから、業務委託は全くできない。

A 誤り。直営のまま、清掃業務など一部の業務を委託することはできます。

1 公の施設

(1) 公の施設の定義

公の施設は、住民の福祉を増進する目的で、住民の利用に供する施設をいいます（244①）。具体的には、学校などの教育施設、公民館、図書館などがあります。

普通地方公共団体の区域外にも必要があるときは公の施設を設置することができ（244の3①）、また、他の地方公共団体の公の施設を自己の住民の利用に供することができます（同②）。

(2) 公の施設の設置・管理

公の施設の設置・管理に関する事項は、法律又はこれに基づく政令に定めるもののほか、条例で定める必要があります（244の2①）。

具体的に、条例では、設置に関する事項として名称や位置など、管理に関する事項として①利用の許可・取消し、②使用料の額・徴収方法、③使用料の減免などを定める必要があります。

また、指定管理者制度を導入する際は、条例に定めるとともに（同③④）、利用料金制をとる場合は、その定めを置く必要があります（同⑧⑨）。

(3) 条例で定める重要な公の施設

条例で定める重要な公の施設について、条例で定める長期・独占的な利用をさせる場合には議会の議決を要し（96①XI）、また特に重要なものを廃止し、又は長期かつ独占的な利用をさせる場合は、出席議員の3分の2以上の者の

同意が必要です（244の2②）。

（4）公の施設の使用関係

地方公共団体は、正当な理由がない限り、住民の公の施設の利用を拒んではならず（244②）、不当な差別的取扱いをしてはなりません（同③）。ただし、当該地方公共団体の住民以外からある程度高い使用料を徴収することや、経済状況等に応じて合理的な差を設けることは許容されます。

2 指定管理者制度、管理委託制度とは

（1）指定管理者制度と管理委託制度の違い

公の施設の設置の目的を効果的に達成するため必要があると認めるときは、条例の定めるところにより、法人その他の団体であって指定するもの（指定管理者）にその管理を行わせることができます（244の2③）。なお、この団体に個人は含みません。

指定管理者制度導入前は、管理委託制度として、地方公共団体が出資している団体に管理委託ができましたが、導入後は、指定管理者に管理させるか、直営で行うかを選択することとなりました。なお、直営の場合であっても清掃業務など施設管理運営業務の一部の委託は可能です。

また、指定管理者制度と管理委託制度の相違点として、前者では使用許可などの行政処分も含めて指定管理者に行わせることができることが挙げられます。ただし、使用料の強制徴収や目的外使用許可などは除外されます。

（2）指定管理者の指定など

指定管理者に関する条例には、指定の手続き、管理の基準、業務の範囲など必要な事項を定めることになります（244の2④）。

指定管理者の指定は期間を定め、議会の議決を経て行う（同⑤⑥）ものであり、指定管理者は毎年事業報告書を作成し、提出する必要があります（同⑦）。

また、当該指定管理者による管理を継続することが適当でないと認めるときは、その指定を取り消すことができます（同⑪）。

（3）利用料金制の導入

指定管理者制度では、公の施設の利用に関わる料金を直接指定管理者の収入として収受させる利用料金制を導入することができます（244の2⑧）。

この利用料金は、条例に基づき、指定管理者が定め、あらかじめ地方公共団体の承認を得なければなりません（同⑨）。

51 会計年度と出納閉鎖日

出題パターン 次の文の正誤を判定せよ

Q 会計年度は4月1日から翌年3月31日までだが、出納閉鎖日である翌年度の4月30日までであれば、確定した支出負担行為に基づく支払ができる。

A 誤り。出納閉鎖日は翌年度の5月31日で、この日まで支払ができます。

1 会計年度、出納閉鎖日とは

　会計年度は、4月1日に始まり、翌年3月31日に終わる（208①）とされ、予算原則の1つとして、歳出はその年度の歳入をもって充てる（同②）という会計年度独立の原則があります。

　出納閉鎖日は、翌年度の5月31日をいい、地方公共団体の出納は、この日で閉鎖する（235の5）とされ、会計年度経過後から出納閉鎖日までの期間を出納整理期間といいます。この出納整理期間は、年度末までに確定した債権・債務について、現金による整理を行うために設けられており、会計年度に属する出納を行うことができます。ただし、当該会計年度内に、収入については調定が、支出については支出負担行為が確定している必要があります。

　また、会計年度独立の原則の例外として、会計年度経過後に、歳入が不足するときは、翌年度の歳入を繰り上げてこれに充てること（翌年度歳入の繰上充用）ができます（令166の2）。

2 決算

　決算は、一会計年度の歳入歳出予算の執行の結果を示すもので、毎会計年度、会計管理者が調製し、出納の閉鎖後3か月以内（8月31日まで）に地方公共団体の長に提出しなくてはなりません（233①）。長は、監査委員の審査に付し、監査委員の合議による意見を付けて、次の通常予算を議する会議までに、議会の認定に付さなければなりません（同②③④）。この認定に付す

る際には、主要な施策の成果を説明する書類等もあわせて提出する必要があります（同⑤）。

一方、公営企業会計については、管理者が事業年度終了後2か月以内（5月31日まで）に調製し、長に提出することになります（公企法30）。

長は、決算を議会の認定に付す必要がありますが、認定されなくても、既に行われた収入、支出等の効力には影響を及ぼしません。

また、歳計剰余金については、翌年度の歳入に編入することが基本ですが（233の2本文）、議会の議決により全部又は一部を繰り越さないで基金に編入することができます（同ただし書き）。さらに、剰余金のうち2分の1を下らない金額は、これを剰余金を生じた翌々年度までに、積み立て、又は償還期限を繰り上げて行う地方債の償還の財源に充てなければなりません（地財法7）。

● 関連キーワード **公金の取扱い**

◆ **私人の公金取扱い**

公金を私人に取り扱わせることは原則として禁止されています（243）。ただし、一定の場合に限り私人に歳入の徴収、収納・支出の事務を委託すること（令158、令165の3）ができます。

「歳入の徴収・収納の委託」は、収入の確保・住民の便宜の増進に寄与すると認められる場合に限り、使用料、手数料、賃貸料、物品売払代金、寄附金、貸付金の元利償還について認められています（令158①）。

「支出事務の委託」は、資金前渡できる経費の大部分（令161①Ⅰ～ⅩⅤ）について私人に支出の事務を委託できるものです（令165の3①）。

◆ **指定金融機関**

都道府県の場合、公金の収納・支払の事務を取り扱わせるため、議会の議決を経て「指定金融機関」を指定しなければなりません（235①）。一方市町村は議会の議決を経て指定することができます（同②）。

「指定金融機関」を指定している場合、支出は現金の交付に代え、小切手の振出し・公金振替書の交付により行います（232の6①）。

なお、指定金融機関を指定している団体の長は、指定金融機関の意見を聴いて（令168⑦）、指定代理金融機関（指定金融機関の取り扱う収納及び支払の事務の一部を取り扱う金融機関）（同③）、収納代理金融機関（指定金融機関の取り扱う収納の事務の一部を取り扱う金融機関）（同④）を指定することができます。

52 支出負担行為と支出命令

> **出題パターン** 次の文の正誤を判定せよ
>
> **Q** 支出負担行為が年度内に確定していなくても、出納整理期間内に確定すれば、支出をすることができる。
>
> **A** 誤り。支出負担行為は年度内に確定している必要があります。

1 地方公共団体の支出

　支出は、地方公共団体の行政上の需要を満たすため現金を支払う行為をいいます。この支出の手続きには、支出の原因となる契約などの支出負担行為と、この負担行為に基づく支出命令、さらに現金を支出する行為までを含んでいます。

　このうち、支出命令までは長が行いますが、支出負担行為の確認、これを踏まえた現金の支出は会計管理者が行います（232の4）。

2 支出負担行為とは

　支出負担行為は、法令又は予算の定めるところに従い、地方公共団体の支出の原因となるべき契約その他の行為をすることをいいます（232の3）。

　支出負担行為には、各種契約の締結、補助金の交付決定など、支出の原因となる行為が含まれます。また、その支出負担行為は、予算を執行するものであり、その範囲で行うことは当然ですが、その内容は法令に適合している必要があります。

3 支出命令とは

　支出命令は、地方公共団体の長が、支出負担行為に基づいて現実に公金を支出する必要が生じたときに、会計管理者に対して支出を命令することをいいます（232の4①）。

　支出命令は、支出負担行為の履行の確認があった後に行われますが、支出

負担行為が会計年度末の３月31日までに行われている限り、出納整理期間の終了する出納閉鎖日の５月31日まで発することができます。

4　支出の手続き

こうした支出の手続きは図表のとおり整理することができます。長は、予算の範囲内で支出負担行為を行い（232の３）、それが確定した段階で、会計管理者に支出命令をします（232の４①）。

これを踏まえ、会計管理者は、支出負担行為が法令又は予算に反していないことや、その債務が確定していることを確認したうえで、現金の支出を行います（同②）。

図表　支出の手続き

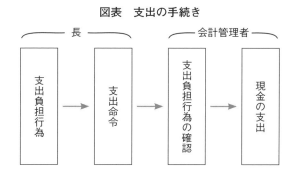

● 関連キーワード　**収入の手続き**

　収入は、地方公共団体が経費に充てるための財源として現金を収納する行為のことで、調定から収納までを含み、長が調定し、納入義務者に納入通知を行います（231）。この際には、現金で収納するのが基本ですが、口座振替、証券、クレジットカードなどを用いた納付（231の２、令155〜157の２）が認められています。

　また、長は、納期限までに納付しない者があるときは、期限を指定して督促しなければなりません（231の３①）。

53 資金前渡と概算払

出題パターン 次の文の正誤を判定せよ

Q 資金前渡は、債務金額確定前に概算をもって支払をする支出方法で、概算払は、職員に現金支払をさせるため、その資金を前渡する方法である。

A 誤り。資金前渡と概算払の説明が逆です。

1 支出の方法

地方公共団体の支出は、支出負担行為を確定し、支出の命令を受けて行われます。このうち、支出負担行為（232の3）、支出命令（232の4①）は長が行いますが、支出は支出命令を受けて、会計管理者が行います。

図表　支出の特例

方　法	内　容
①資金前渡（令161）	職員に現金支払をさせるため、その資金を前渡する
②概算払（令162）	債務金額の確定前に概算をもって支払をする
③前金払（令163）	金額の確定した債務について、支払うべき事実の確定・時期の到来以前において支払う
④繰替払（令164）	当該地方公共団体の歳入の収納にかかる現金を経費の支払に一時繰り替えて支払をする
⑤隔地払（令165）	隔地の債権者に対して支出するため指定金融機関・指定代理金融機関に資金を交付して送金の手続きをさせて支払う
⑥口座振替（令165の2）	債権者からの申出によって、指定金融機関・指定代理金融機関に通知して地方公共団体の預金口座から債権者の預金口座に振り替えて支払う

会計管理者は、長の支出命令を受けても、①支出負担行為が法令・予算に違反していないこと、②当該支出負担行為に係る債務が確定していることを確認したうえでなければ支出できません（同②）。

具体的な支出の方法は、指定金融機関を置いている場合には、当該機関を

支払人とする小切手を振り出す方法により、また、地方公共団体内部の公金の移動については公金振替書により行いますが、債権者からの申出がある場合は、現金により、支払うことが認められています（232の6①）。

2 支出の特例

このように支出は債務金額が確定し、支払期限が到来したとき、正当な債権者に支払われるものですが、例外的に、図表のとおり、①資金前渡、②概算払、③前金払、④繰替払、⑤隔地払、⑥口座振替を認めています（232の5②）。

（1）資金前渡とは

資金前渡は、職員に現金支払をさせるため、その資金を前渡するものです（令161）。地方公共団体でしばしば使われるのは、附属機関の委員等への報酬を現金で支払う場合などです。

（2）概算払とは

概算払は、債務金額の確定前に概算をもって支払をするもので（令162）、旅費などに用いられものです。

● 関連キーワード　**現金の管理**

　現金の支出を行う会計管理者は、地方公共団体の歳入歳出に属する現金（歳計現金）を指定金融機関などへの預金のように、最も確実かつ有利な方法で保管しなければなりません（235の4①、令168の6）。基金に属する現金の出納・保管も同様です（241⑦）。

　これは歳計現金がやがて支出されるべきものであるため、資金需要に応えるため、安全な方法で保管することを義務付けているものです。

　一方、地方公共団体の所有に属さない現金で、法令の規定によって地方公共団体が保管するものを歳入歳出外現金（歳計外現金）といいます（235の4③）。この歳入歳出外現金や所有に属さない有価証券は、地方公共団体の所有に属さないものであることから、会計管理者は、債権の担保として徴するもののほか、法律・政令の規定がなければ保管できません（同②）。

54 事務監査請求と住民監査請求

> **出題パターン** 次の文の正誤を判定せよ
>
> **Q** 事務監査請求は住民であれば1人でもできるが、住民監査請求は選挙権を有する者の総数の50分の1以上の連署が必要である。
>
> **A** 誤り。事務監査請求と住民監査請求の説明が逆です。

1 事務監査請求とは

　事務監査請求は、選挙権を有する者の総数の50分の1以上の連署をもって、代表者から監査委員に対し、当該地方公共団体の事務の執行に関し、監査の請求を行うものです（75①）。

図表　事務監査請求と住民監査請求の比較

	事務監査請求（75）	住民監査請求（242）
目　的	自治行政全般の責任の所在及び行政運営の適否を明らかにする	執行機関・職員の違法・不当な財務会計上の行為（怠る事実含む）の是正、損害の補てんなど必要な措置を講じる
請求の対象事項	地方公共団体の事務の執行全般	長その他の機関又は職員の違法不当な財務会計上の行為
請求の方法	選挙権を有する者の総数の50分の1以上の連署による	当該普通地方公共団体の住民であれば1人でも可能
不服の場合の対応	特になし	住民訴訟の提起が可能

　事務監査請求の対象は住民監査請求と異なり、事務全般に及びます。請求があったときは、監査委員は直ちに要旨を公表したうえで、監査を行い、その結果を合議で決定し、代表者に送付し、公表するとともに、議会、長、関係のある委員会・委員に提出しなければなりません（同②～④）。

　代表者は監査結果等に不服があっても訴訟を提起することはできません。

❷ 住民監査請求とは

　住民監査請求は執行機関・職員の違法・不当な財務会計上の行為が対象で、当該普通地方公共団体の住民であれば１人でも提起できます。また、その結果等に不服があるときは、住民訴訟を提起できます（詳細は56参照）。

> ● **関連キーワード　監査委員による監査**
>
> ◆　要求等監査
> 　事務監査請求、住民監査請求は、住民からの請求に基づく監査ですが、ほかに長や議会からの要求等に基づき監査を行います。
> **（１）長からの要求に基づく監査**
> 　長からの監査の要求があったときは、監査委員は監査を実施しなければなりません（199⑥）。
> 　また、財政的援助団体等（①補助金、交付金等の財政的援助を与えているもの、②資本金、基本金その他これらに準ずるものの４分の１以上出資しているもの、③借入金の元金や利子の支払を保証しているものなど）についての監査（199⑦、令140の７）、指定金融機関等が取り扱う公金の収納・支払の事務の監査（235の２②）も、監査委員が自主的に行うことに加え、長が要求できます。
> 　そして、職員の賠償責任の監査等も長の求めによります（243の２③⑧）。
> **（２）議会からの請求に基づく監査**
> 　議会も監査委員に対して地方公共団体の事務（一部を除きます。）に関する監査を求め、その結果に関する報告を請求することができます（98②）。
> ◆　財務監査と行政監査
> **（１）財務監査**
> 　財務監査は、地方公共団体の財務に関する事務の執行・経営に関わる事業の管理の監査を行うもので（199①）、数字の正しさに加え、適法性や妥当性、効率性までが対象です。また、一般的には、毎会計年度少なくとも１回以上期日を定めた定期監査として行われますが（同④）、必要があると認めるときは、随時監査を実施できます（同⑤）。
> **（２）行政監査**
> 　行政監査は、地方公共団体の事務（一部を除きます。）の執行について行うもので（199②）、随時監査として実施されます。
>
> 　ほかに、決算審査（233②）、現金出納の検査（235の２①）などがあります。

55 包括外部監査と個別外部監査

出題パターン 次の文の正誤を判定せよ

Q 都道府県、指定都市、中核市は、外部監査人による包括外部監査、個別外部監査を行わなければならない。

A 誤り。個別外部監査は条例で定めた場合に行えるにすぎません。

1 外部監査制度

(1) 外部監査制度の意義

外部監査制度は、従来の監査委員制度に加え、地方公共団体が外部の専門家と契約して監査を受ける制度で、監査について独立性と専門性を強化するために設けられたものです。

外部監査契約は「包括外部監査契約」と「個別外部監査契約」の2つに分けられます（252の27①）。

(2) 外部監査契約を締結できる者など

外部監査契約を締結できる者は、普通地方公共団体の財務管理、事業の経営管理等の行政運営に関し優れた識見を有する者であって、具体的には①弁護士、②公認会計士、③国の行政機関において会計検査に関する行政事務に従事した者で、実務に精通しているもの（252の28①）としており、必要と認めるときは④優れた識見を有する税理士とも契約できます（同②）。一方、欠格事由に該当した場合には契約を締結できません（同③）。

(3) 外部監査人の地位

外部監査人は、善良な管理者の注意を持って誠実に監査を行わなくてはなりません（252の31①）。また、守秘義務があり、違反の場合2年以下の懲役又は100万円以下の罰金が科せられます（同③④）。さらに、みなし公務員として、刑法に関する罰則の適用については公務に従事するものとみなされます（同⑤）。

外部監査人も監査委員と同様に除斥の規定があり、自己若しくは父母、祖

父母、配偶者、子、孫若しくは兄弟姉妹の一身上に関する事件又はこれらの者の従事する業務に直接の利害関係のある事件については監査することができません（252の29）。

また、外部監査人は、補助者を用いることができますが、その場合には監査委員と協議する必要があります（252の32①）。

そして外部監査人が資格を失った場合や、欠格事由に該当するに至った場合には外部監査契約を解除しなければなりません（252の35）。

2　包括外部監査とは

（1）概要

包括外部監査は、都道府県、政令で定める市（指定都市、中核市（令174の49の26））に義務付けられているほか、条例で定める市町村が実施するもので、契約の締結にあたっては、監査委員の意見を聴くとともに、議会の議決が必要です（252の36①）。また、包括外部監査契約は同一の者と4回連続して、締結することができません（同③）。

（2）監査の対象等

包括外部監査人が行う監査は、「財務に関する事務の執行」と「経営に係る事業の管理」で、特定の事件が対象となります（252の37①）。具体的には包括外部監査人が特定の事件を選択して監査を行います。

包括外部監査対象団体は、包括外部監査人が必要と認めるときに財政的援助団体等（公の施設の指定管理者を含む。）の事務執行について監査を行うことを条例により定めることができます（同④）。

包括外部監査人は、契約期間内に監査を実施し、その結果報告を決定し、議会、長、監査委員、関係のある委員会・委員に提出しなければなりません（同⑤）。この公表は監査委員が行います（252の38③）。

3　個別外部監査とは

個別外部監査は、事務監査や住民監査などの要求等監査について、住民、議会又は長が監査委員に監査を請求又は要求することができると条例で定めている場合に、監査委員の監査に代えて契約に基づく外部監査によることができる特例です（252の39①など）。また、監査委員に代えて外部監査人が行うことが相当であるかを議会・監査委員が判断します（同④～⑦）。

56 住民監査請求と住民訴訟

出題パターン 次の文の正誤を判定せよ

Q 住民監査請求と住民訴訟は両方とも普通地方公共団体の違法・不当な財務会計上の行為に対して行うことができる。

A 誤り。住民訴訟の対象は違法な行為で、不当な行為は含まれません。

1 住民監査請求とは

(1) 住民監査請求の対象

住民監査請求は、要求等監査の1つに分類され、長、委員会・委員、職員の①違法・不当な公金の支出、②違法・不当な財産の取得・管理・処分など（図表の6つの類型があります。）違法・不当な財務会計上の行為に対して住民が監査を請求するものです（242①）。

(2) 請求できる者

有権者の総数の50分の1の連署が必要な事務監査請求と異なり、住民監査請求は普通地方公共団体の住民1人（法人含む。）でもできます（242①）。

(3) 請求手続き等

住民監査請求は、正当な理由がある場合を除き、当該行為から1年を経過したときはできず（242②）、その実施にあたっては、証拠の提出・陳述の機会を与えなければなりません（同⑥）。

監査委員は、請求に理由があると認めるときは、議会、長、その他の執行機関・職員に期間を示して必要な措置を取るように勧告するとともに、請求人に通知し、公表します（理由がないと認めるときはその旨を請求人に通知し、公表する。）（同④）。この勧告の決定は監査委員の合議によります（同⑧）。

この勧告等は60日以内に行わなければならず（同⑤）、経過後は一定の期間、住民訴訟を提起できます（242の2②Ⅲ）。なお、回復困難な損害を避けるため緊急の必要があり、かつ、行為の停止により公共の福祉を著しく阻害するおそれがないと認めるときは、停止の勧告を行うこともできます（242③）。

監査委員からの勧告があった場合、相手方は必要な措置を講じ、その内容を監査委員に通知し、監査委員は請求人に通知するとともに、公表しなくてはなりません（同⑨）。この「必要な措置」は勧告内容に拘束されるものではなく、違法・不当な行為を是正する内容でよいとされます。
　また、住民監査請求も条例で定めれば外部監査人によることができます（252の43）。

2　住民訴訟とは

（1）住民訴訟の対象など
　住民訴訟は、個人の権利利益と関係なく、客観的な法秩序の維持を目的とする客観訴訟である民衆訴訟の一種に分類されます。違法・怠る行為について訴訟を提起できますが、不当な行為は対象となっていません。また、その訴訟は図表のとおり、①行為の差止め、②行政処分の取消し・無効確認などの4つの類型が示されています（242の2①）。

（2）訴訟提起できる者
　住民訴訟を提起できるのは、住民監査請求を行った住民であり（242の2①）、住民監査請求を経ていることが必須です。

（3）訴訟手続き等
　住民訴訟を提起できる期間は類型ごとに起算日が異なりますが、30日以内となります（242の2②）。流れは図表のとおりです。

図表　住民監査請求、住民訴訟の流れ

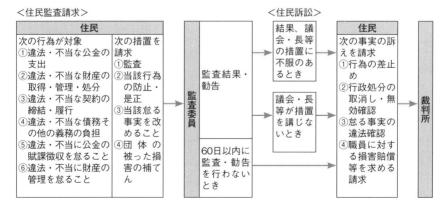

57 会計職員等の賠償責任と予算執行職員等の賠償責任

出題パターン 次の文の正誤を判定せよ

Q 物品を使用している会計職員等は、故意・重大な過失で生じた損害の賠償責任を有するが、支出負担行為権限を有する予算執行職員等は有しない。

A 誤り。支出負担行為権限を有する予算執行職員等も賠償責任を有します。

1 職員の損害賠償責任

会計職員等や予算執行職員等が損害を与えたときはその損害を賠償しなければなりません（243の2①）。こうした損害賠償責任は図表のように整理できます。また、この損害賠償責任は、行為があったときに職員であれば、退職しても消滅せず、時効の到来まで賠償を命ずることができます。

2 会計職員等の損害賠償責任とは

会計職員等には図表のとおり①会計管理者などが含まれ、現金は故意・過失が要件ですが、それ以外は、故意・重大な過失が要件となっています（243の2①前段）。⑤物品を使用している職員には、自動車を運転したり、パソコンを利用するなど、ほとんどの職員が該当しますが、その際には重過失が要件となっており、一般的な使用であれば問題ありません。

3 予算執行職員等の賠償責任とは

予算執行職員等は、支出負担行為などの権限を有する職員と、それを補助する職員のうち規則で指定したものとなっています（243の2①後段）。通常、法令上の権限を有する者は、都道府県知事・市町村長や会計管理者ですが、出先機関の所長などはその委任を受けた場合、対象となります。

直接補助する職員のうち規則で指定したものについては「賠償責任を有する職員の指定に関する規則」などで専決権を有する者などが指定されること

が一般的です。

　また、複数の職員の行為により損害を与えたときは、それぞれの職分に応じ、かつ、損害との因果関係の程度に応じて個別に賠償責任を有することになります（243の2②）。

図表　会計職員等の賠償責任

	対象者	行　為
会計職員等	①会計管理者 ②会計管理者の事務を補助する職員 ③資金前渡を受けた職員 ④占有動産を保管している職員 ⑤物品を使用している職員	故意・重大な過失（現金は故意・過失）により、次を亡失・損傷 ・現金 ・有価証券 ・物品 ・占有動産 ・使用に係る物品
予算執行職員等	次の（①〜④）権限を有する職員・直接補助する職員（規則で指定したもの） ①支出負担行為 ②支出の命令・支出負担行為の確認 ③支出・支払 ④契約の履行確保のための監督・検査	故意・重大な過失により法令の規定に違反して、当該行為をしたこと、怠ったことにより普通地方公共団体に損害を与えたとき

● キーワード深読み　**賠償命令の手続き**

　長は、職員が地方公共団体に損害を与えたと認めるときは、監査委員に①監査、②賠償責任の有無、③賠償額の決定を求め、その決定に基づき、期限を定め、賠償を求めなければなりません（243の2③）。この監査委員の決定は合議によります（同⑨）。
　長は、やむを得ない事情によると認めるときは、監査委員の意見を付けて議会に付議し、その同意を得て、賠償責任の全部又は一部を免除できます（同⑧）。
　また、不服がある場合、都道府県の場合は総務大臣、市町村の場合は都道府県知事に審査請求等を行うことができましたが、平成28年4月施行の改正行政不服審査法により、長への審査請求に一元化されました。この場合、長は議会に諮問しなければなりません（同⑪⑫）。

58 一部事務組合と広域連合

> **出題パターン** 次の文の正誤を判定せよ
>
> 一部事務組合は国などからの権限移譲の受け皿となることができるが、広域連合はなれない。
>
> 誤り。一部事務組合と広域連合の説明が逆です。

1 一部事務組合と広域連合

　事務を共同処理する地方公共団体の組合に、一部事務組合と広域連合があり（284①）、それぞれ法人格を有し、特別地方公共団体に区分されます（1の3③）。その設置は、組織する団体が議会の議決を経た協議により規約を定め、都道府県が加入するものは総務大臣、その他は知事の許可を得て行います（広域連合は広域計画の策定等が必要。）（284②前段、同③前段）。公益上必要がある場合、知事は、市区町村に、組合の設置を勧告できます（285の2①）。

　こうした組合が事務を処理し、地方公共団体の執行機関の事務がなくなったとき、その機関は消滅します（284②後段、同③後段）。なお、全部事務組合、役場事務組合、地方開発事業団は平成23年の自治法改正で廃止されています。

2 一部事務組合とは

（1）一部事務組合の目的等

　一部事務組合は、複数の地方公共団体による事務の一部の共同処理のために設置され、広域的・効率的な事務の実施等に数多く活用されています。

（2）組織、運営等

　一部事務組合の運営は、名称、構成団体、共同処理する事務等を定めた規約に基づき行われ、議会は必置ですが、議員の選挙は規約で定めることができ（287①）、要件を満たした場合、構成団体の議会をもって組織することも可能です（287の2①）。また、市町村・特別区のみで組織される一部事務組合の場合は、共同処理する事務が共通である必要はなく（複合的一部事務組

合とされます。）(285)、この複合的一部事務組合の場合、管理者は理事会をもって代えることもできます（287の3②）。

一部事務組合の議会の議員や管理者、職員は構成団体の長・議員や職員が兼職できます（287②）。また、組合を脱退するためには、2年前までに議会の議決を経て、構成団体に書面で予告する必要があります（286の2①②）。

❸ 広域連合とは

（1）広域連合の目的等

広域連合は、広域的ニーズへの柔軟かつ効率的な対応や、国等からの権限移譲の受け皿として導入されています。都道府県と市町村の事務の複合的処理ができること、設置後に議会の議決を経て広域計画を作成する必要があること（284③）などが一部事務組合と異なります。

（2）組織、運営等

広域連合の組織、運営等は規約で定められ（291の4①）、長に代えて理事会を置くことができます（291の13による287の3②の準用）。

長は選挙人の投票又は構成団体の長の投票により、議員は選挙人の投票又は構成団体の議会での投票により選挙されます（291の5）。さらに、直接請求の制度が準用され、条例の制定・改廃要求等を行うことができ（291の6）、広域連合は、より民主的な制度となっています。

また、広域連合は、国の事務や、都道府県の事務を処理できるほか、議会又は理事会の議決を経て国や都道府県に対して事務の移譲を要請できます（291の2①②④⑤）。

図表　地方公共団体の組合の比較

	一部事務組合（286〜291）	広域連合（291の2〜291の13）
概要	地方公共団体がその事務の一部を共同して処理するために設置する特別地方公共団体	地方公共団体が広域にわたり処理することが適当な事務に関し、広域計画を作成し、必要な連絡調整を行い、及び事務の一部を広域にわたり総合的かつ計画的に処理するため設置する特別地方公共団体
手続き	構成団体の議会の議決を経て、協議により規約を定め、都道府県が加入するものにあっては総務大臣、その他のものにあっては都道府県知事の許可を得て設置	
効果	共同処理するとされた事務は、構成団体の権能から除外され、組合に引き継がれる。組合内の構成団体につき、その執行機関の権限に属する事項がなくなったときは、その執行機関は消滅	
相違点	──	（一部事務組合に対して） ・広域計画の作成が必要なこと ・国、都道府県から直接に権限移譲を受けることができること ・直接請求が認められていること　など

59 事務の委託と事務の代替執行

出題パターン 次の文の正誤を判定せよ

Q 事務の委託、事務の代替執行ともに他の地方公共団体に事務の一部を委ねる点は共通するが、委託は委託団体の名で、代替執行は受託団体の名で行う。

A 誤り。事務の委託と、事務の代替執行の説明が逆です。

1 事務の委託と事務の代替執行の相違点

事務の委託と事務の代替執行は、事務の一部を他の地方公共団体に委ねる点は共通ですが、委託は受託団体の名で、代替執行は委託団体の名で行う点が異なります。例えば、東京都多摩地域の市町村では消防事務を東京都に委託しており、都の東京消防庁がその名で業務を行っています。

また、事務の代替執行は、連携協約とともに、平成26年の自治法改正により新設されたものです。

2 事務の委託とは

事務の委託は、多くの地方公共団体で取り組まれている手法で、協議により規約を定め、普通地方公共団体の事務の一部の管理・執行を、他の団体の長などに委ねる制度です（252の14①）。委託には、議会の議決を経たうえで、それを告示するとともに、都道府県の関わるものは総務大臣、それ以外は知事に届け出ます（同③による252の2の2②の準用）。

事務を受託した団体が当該事務を処理することにより、委託した団体が、自ら当該事務を管理執行した場合と同様の効果を生じます。法令上の責任は、受託した普通地方公共団体に帰属するので、事務を委託した団体は、委託の範囲内において、委託した事務を管理執行する権限を失います。

3 事務の代替執行とは

　事務の代替執行は、協議により規約を定め、他の普通地方公共団体に行わせる制度という点では委託と同様ですが、当該事務についての法令上の責任は事務を任せた普通地方公共団体に帰属したままで、当該事務を管理執行する権限の移動は伴いません（252の16の2①）。事務の委託と同様に、議会の議決、告示、大臣等への届出が必要です（同③による252の2の2②の準用）。

> **● 関連キーワード　その他の共同処理**
>
> 　その他の共同処理として、次のものがあり、議会の議決や告示、総務大臣等への届出が必要です（連絡調整協議会は議決不要）。
>
> **◆ 連携協約**
>
> 　連携協約は、平成26年の自治法改正で制度化されたもので、普通地方公共団体が連携して事務を処理するうえでの基本的な方針及び役割分担を定めるものです（252の2①）。協約を締結した団体は、協約に基づき、必要な措置を執るようにしなければならず（同⑥）、別途、それぞれの事務の共同処理制度の規定に基づく規約を定めます。
>
> **◆ 協議会**
>
> 　協議会は、普通地方公共団体の協議により定められる規約で設置される組織で、法人格を有さず、協議会固有の財産又は職員を持ちません。また、①管理執行協議会、②連絡調整協議会、③計画作成協議会の3種類があります（252の2の2①）。
>
> **◆ 機関等の共同設置**
>
> 　機関等の共同設置は、委員会・委員、附属機関等を共同設置するもので、共同設置された機関等は、各地方公共団体の共通の機関等としての性格を有し、その機関等による管理・執行の効果は、関係団体の機関等が自ら行ったことと同様に、それぞれの団体に帰属します（252の7①）。

図表　共同処理制度の概要

共同処理制度	制度の概要
事務の委託 （252の14～252の16）	事務の一部の管理・執行を他の地方公共団体に委ねる制度
事務の代替執行 （252の16の2～252の16の4）	事務の一部の管理・執行を当該地方公共団体の名において他の地方公共団体に行わせる制度
連携協約 （252の2）	連携して事務を処理するにあたっての基本的な方針及び役割分担を定めるための制度
協議会 （252の2の2～252の6の2）	共同して①管理執行、②連絡調整、③計画作成を行う制度。その管理・執行は関係団体の執行機関が行ったものとしての効力有
機関等の共同設置 （252の7～252の13）	委員会又は委員、附属機関等を複数の地方公共団体が共同で設置する制度

60 条例による事務処理の特例と事務の委託

> **出題パターン** 次の文の正誤を判定せよ
>
> **Q** 条例による事務処理の特例は、対象となる地方公共団体の点で事務の委託の制度と異なるものではない。
>
> **A** 誤り。条例による事務処理の特例は都道府県と市町村の間で行われますが、事務の委託は市町村相互間でも可能であるなど、相違点があります。

1 条例による事務処理の特例とは

(1) 概要

条例による事務処理の特例は、平成12年施行の分権一括法で導入されたもので、条例により、都道府県の事務の一部を市町村が処理するものです。地教法でも同様の規定があり、教育委員会の権限も市町村が処理できます。

(2) 効果、移譲の手続き等

当該条例に基づき市町村が処理する都道府県の事務は、市町村長が管理及び執行することになり（252の17の2①）、法律に基づく事務の場合、知事に関する規定を市町村長と読み替えることになります。国の関与は、知事を経由して行われ（252の17の3）、知事自ら是正の指示ができます（252の17の4）。

また、条例による事務処理の特例によって、事務を移譲する場合、知事は、あらかじめ、市町村長に協議しなければなりませんが（252の17の2②）、必ずしも同意は要件でありません。市町村からも都道府県に対して議会の議決を得て、事務の移譲を要請できます（同③）。

さらに、都道府県の事務を市町村が処理するため、都道府県から市町村に必要な財源措置が講じられなければなりません（地財法28①）。

2 事務の委託とは

事務の委託は、協議により規約を定め、普通地方公共団体の事務の一部の管理・執行を、他の団体に委ねる制度です（252の14①）（詳細は **59** 参照）。

❸ 事務処理の特例と事務の委託の違い

両者の違いをまとめたものが図表1になります。

図表1　条例による事務処理の特例と事務の委託

	条例による事務処理の特例	事務の委託
対象	都道府県から市町村	都道府県と市町村以外に市町村相互間も対象
執行機関	長以外の執行機関には個別法の規定が必要（地教法55）	長以外の執行機関も対象
協議	あらかじめ都道府県知事から市町村長への協議が必要（同意不要）	双方の協議（議会の議決）が必要

● 関連キーワード　都道府県条例と市町村条例

　都道府県と市町村は対等な関係ですが、条例は法律に違反できないのと同様に、市町村条例は都道府県条例に違反できません。

　また、市町村条例と同じ内容の都道府県条例が施行され、その条例が違法・違反でないとすると、両者が効力を持ち、申請書の提出などを義務付ける場合には都道府県・市町村の両方に同じ申請を行う必要（二重行政）が生じます。このため、都道府県条例のなかに「市町村が同等以上の条例を定めた場合には当該区域にこの条例は適用しない」といった適用除外規定を持つものがみられます。

　この「同等以上」の規定に該当した場合、当該区域については市町村の条例のみが適用され、申請書などは当該市町村にのみ提出することになります。

● キーワード深読み　条例による事務処理の特例等の活用状況

　条例による事務処理の特例は217の法律で実績があります（主なものは図表2）。例えば旅券法に基づくパスポートの発給・交付では市町村の窓口で戸籍謄本などを取ったうえでの手続きが可能であり、また、遠くの都道府県の事務所まで行かなくても済むなど、住民にとってもメリットがあります。

図表2　条例による事務処理の特例の状況（H25.4.1現在）

①鳥獣保護法（鳥獣の捕獲の許可等）46団体
②都市計画法（都市計画区域等における開発行為の許可等）45団体
③租税特別措置法（優良な宅地の認定等）44団体
④土地区画整理法（個人施行による土地区画整理事業の認可等）43団体
④墓地、埋葬等に関する法律（墓地、納骨堂又は火葬場の経営の許可等）43団体
⑤農地法（農地転用の許可等）42団体

■参考文献

地方公務員昇任試験問題研究会『地方自治法101問(第5次改訂版)』学陽書房

地方公務員昇任試験問題研究会『これで完璧 地方自治法250問(第4次改訂版)』学陽書房

檜垣正已『地方自治法の要点(第10次改訂版)』学陽書房

松本英昭『新版 逐条 地方自治法(第8次改訂版)』学陽書房

松本英昭『地方自治法の概要(第6次改訂版)』学陽書房

吉田 勉『はじめて学ぶ 地方自治法(第1次改訂版)』学陽書房

著者紹介

鈴木　洋昌（すずき　ひろまさ）

略歴：1971年生まれ
　　　1994年　横浜市立大学商学部経済学科卒業
　　　同年、川崎市役所入所。
　　　一般社団法人自治体国際化協会シドニー事務所派遣、中小企業支援、地球温暖化対策、廃棄物行政、企画調整、行政改革・組織定数などの業務を担当し、現在、中原区役所企画課長
　　　2012年　中央大学経済学博士
　　　自治体学会、日本公共政策学会などに所属
著書・論文：『オーストラリア地方自治体論』（共著、ぎょうせい、1998年）
　　　「自治体現場からみた新しい公共のありよう──廃棄物処理事業を事例として」で第1回自治体学会論文奨励賞受賞
　　　『図解よくわかる自治体環境法のしくみ』（学陽書房、2012年）

昇任試験によく出る！
類似語の違いでわかる地方自治法

2016年4月18日　初版印刷
2016年4月25日　初版発行

　　著　者　鈴木　洋昌
　　発行者　佐久間重嘉
　　発行所　学　陽　書　房
　　〒102-0072　東京都千代田区飯田橋1-9-3
　　営業　TEL 03-3261-1111　FAX 03-5211-3300
　　振替口座　00170-4-84240

装丁／佐藤　博
DTP制作／みどり工芸社
印刷・製本／三省堂印刷
Ⓒ Hiromasa Suzuki, 2016, Printed in Japan

ISBN978-4-313-20541-3　C2032
落丁・乱丁本は、送料小社負担にてお取り替え致します。

はじめて学ぶ地方自治法〈第1次改訂版〉

吉田 勉［著］　　定価＝本体2,000円＋税

初学者が読めるように、地方自治法を必要最小限の内容に収めた最も頁数の少ない自治法入門！　地方自治法のポイントを92項目に整理。各項目は見開きを基本として、複雑な制度や数値は図表で整理しているので、誰でも容易に自治法の全体像がつかめる。

これだけで大丈夫！地方自治法50問

地方公務員昇任試験問題研究会［編］定価＝本体1,900円＋税

昇任試験受験者が短期間で習得できるように、地方自治法の頻出問題を必要最小限度の50問に厳選した問題集。連携協約制度等に係る平成28年施行の自治法改正まで対応した最新版！

昇任試験に必ず合格する本

大原みはる［編著］　　定価＝本体1,900円＋税

昇任試験に確実に合格するための択一、時事、記述式・論文、資料解釈、面接試験対策とそれぞれの解答ノウハウを詳解した類書なき本！　学習計画の立て方、お勧め参考書・問題集の使い方、時事問題対策などに加え、本試験で実力以上の効果を発揮する択一選択肢の選び方なども充実。